古代上毛野の社会基盤

関口功一　著

同成社

まえがき

かねてより、日本列島の各地に「渡来系」文化の痕跡が認められるという議論がある。そのことは、海外の各地に日本的な要素が認められることと併せて考えるならば、東アジア的な広域文化圏のなかで、相互に人や物が動いたという証拠であって、何ら否定されるものではない。

問題だと思われるのは、社会組織の複雑化に伴って政治的な磁場が形成され、日本列島の内部でさえ「国家」と「地域」、「中央」と「地方」といった相対的な関係が発生していたとみられることである。各地点・地域での受容の順序や濃淡や、主体・客体といった関係が明らかに存在していたのに、かなり複雑なそれらを非常に単純化して理解しようとすることである。

諸多の地域と比較して、「東国」地域の特殊性も多少はあるだろう。それらは原則的には比較的大規模な関東平野や利根川及びその支流の多くの河川によって規定される性格のものである。そのような関東平野にあって、とくに注意しなければならない「上毛野」の地域性とは何になるのか。現状では、起点となるような中心勢力がよく捕捉できないが、地域内部各地への数次に及ぶ外来集団の移植が敢行された。重層的な地域支配の構造（Ⅰ葛城→Ⅱ物部→Ⅲ蘇我）が形成され、各段階で個性的な地域編成が試みられた。それぞれの氏族集団の中央での政治的退転が、地域勢力の動向にも何らかの形で反映しているものと思われる。そして、それらの集大成として律令制の導入に伴う地域再編成が実施された。

地域外から流入した勢力として、渡来系の人びとが想定されることが多いが、その時々の半島情勢の変化を反映して、実際に各地へ流入した集団の性格や内容には大きな差異があったものと思われる。何時・どのような経路で流入してきたのかについては最低でも留意する必要がある。前述の中央勢力の付帯要素としての渡来系集団が多かったと思われる。

各種の渡来系集団は、新来の知識・技術を各地域に持ち込んだと思われるが、六世紀以降にとくに注意されるのは、仏教に代表される宗教思想である。数世紀もの期間に各地で盛んに造営されていた古墳を、造営させない形で浸透した影響力は甚大であるだろう。逆の意味で道教などの影響も無視できないものがある。

近年「世界記憶遺産」に登録された「上野三碑」のうち、山上碑と金井沢碑とは、特殊な政治的背景を想定しなければ、仏教の功徳としての建碑の事例になる。これまで必ずしもそのように理解されていないが、多胡碑に関しても同様の脈絡で理解する必要があるのではないか。為政者の要件として国家仏教の理解と実践とが求められた可能性がある。山上碑・金井沢碑に示される仏教への帰依は、仏教に関する情報流入の時期が異なるので、全く同等の内容であったとはいえない。ことによると、東国地域では統制的な国家仏教に対する大きな対抗軸となりつつあった可能性もあるのではないか。山上碑・金井沢碑とに、増加しつつあった躍動する在家仏教徒の影を感じるのはうがち過ぎであろうか。

古墳造営に費やされていた熱量が、寺院造営や写経事業などに振り替えられ、短期間で仏教が地域に浸透したのには渡来系集団の政策的移住が関係していたかもしれない。大人数が動員された写経事業の実施によって、識字層の拡大がほどよい学習活動になった。墨書土器に代表される集落内の出土文字資料とは、盛んに写経事業が実施されていた時期に仏教関連施設周辺で多く検出されるものを含んでいた。

仏教への理解が深まると、支配の権威としての個別氏族との関係は、各氏族が運営に関与していた部分もある中央大寺院との関係にすり替えられていった可能性がある。国家仏教を支える支柱が多極化していた部分もある。結果として、地域で国家仏教を体現するはずであった国分寺は、民衆の支持を継続することができず、機能を低下させ、施設は衰亡していった。指導的立場にあったはずの各国国師の機能低下もそのことを跡付ける。

また、各地で実施される遺跡調査の事例は、大開発の時代と異なって調査件数こそ増えていないかもしれないが、個々の調査精度は上がっており、累積調査数によって地域史の内容を一変させるような耳目を引く事例も含まれている。周知と信じられて疑われないような地域史像に関しても、可能な限りの頻度でスクラップアンドビルドが試みられるべきであろう。

本書では、従来あまり問題にされてこなかったような視点から、上毛野を中心とする「東国」地域社会の基礎構造についての再構成を試みるものである。しばしば強調される特殊性以上に、全国的な共通性に関する要素が多く認められる。その共通性のなかにこそ認められる微妙な地域の個性にこだわって考察してみたい。

目次

第Ⅱ部 信仰

第Ⅰ部　地域支配

第一章　「葛城」県と「毛野」県

一　「毛野」の分割

栃木県足尾山地に水源をもつ渡良瀬川は、足尾山地西端と赤城山東麓との間に生じた地溝に導かれて、南西方向に流下した後、全国最大級の大間々扇状地東縁にぶつかって急激に流れを変え、南東方向に「く」の字形に折れ曲がる。空中写真などによって、浅い河床で足尾山地南端と茶臼山〜金山丘陵に挟まれた低地を、縦横に乱流しながら流下していた様子が観察できる（図1）。

この渡良瀬川は、周辺の河川では最大級なので、本来自然境界的機能を果たしていたと思われるが、ある段階で上野国と下野国との間の人為的境界に設定された。この件に関するとみられる史料は、現状では『先代旧事本紀』「国造本紀」に引く「下毛野国造」の記事である。該当箇所のみ摘記すると次のようになる。

・上毛野国造

瑞籬朝、皇子豊城入彦命孫彦狭嶋命初治平東方十二道為封。

・下毛野国造

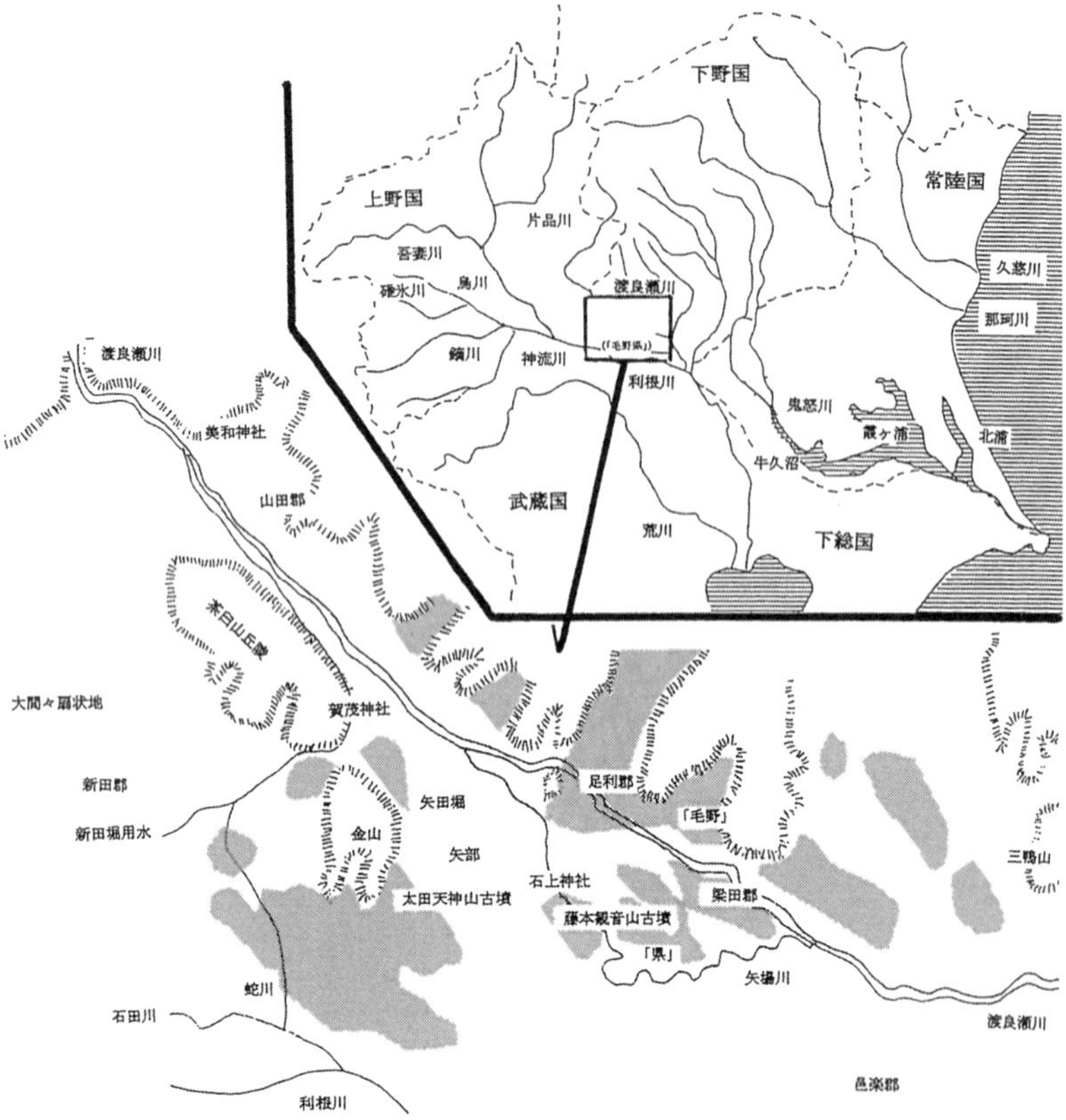

図1　渡良瀬川低地帯の位置（アミは条里型土地区画の分布範囲）

難波高津朝御世、元毛野国分為上下、豊城入彦命四世孫奈良別定賜国造。
・（参考1）那須（須羽）国造　纏向日代朝御代、建沼河命。定賜国造。
・（参考2）浮田国造　志賀高穴穂朝。瑞籬朝。五世孫賀我別王。定賜国造。

「上毛野国造」の部分の表記は、他の事例でしばしばみられる、一般的な文末の「定賜国造」という形になっていない。しかも「為封～」ということで、すでに支配下に入っていた「東方十二道」が、直接分封されたかのようにみえる。しかも、ヒコサシマがこのとき任ぜられたのは「東山道十五国都督」であって齟齬している。

さらに『古事記』及び『日本書紀』の内容による限り、この記述自体が正確でない。『古事記』及び『日本書紀』で「東方十二道」に遣わされたのは、大毗古の子である建沼河別命であった。「国造本紀」の現状の文脈では、「ヒコサシマ＝建沼河別命」ということになる。

一方ヒコサシマは、大和を出発する段階で死去しており、実際に「治平」に及んだのはその子のミモロワケであった。強いていえば、東日本に赴いた「大毗古―建沼河別命」という親子の組みあわせと、「彦狭嶋―御諸別」という親子の組みあわせとが対比的に示されているようにもみえるが、『日本書紀』では「四道将軍」に整理されているので、直接関連づけすることはできない。他の部分でも、本来八綱田は「倭日向武日向彦」であるべきところが、「倭日向武日向」になっている。国造本紀全体に亘って、非常に参考になる部分はあると思われるが、やや正確さには欠ける部分もあるとするべきであろう。

そのようにみると、たとえば「国」の字は、同時代には類似した内容の「県」が置き換えられた可能性があるのではないか。そうでなくても「国造」段階の「クニ」と、律令制下の「国」とは、同様の領域的広がりをもっていた場合ばかりとは限らない。一般にいわれるように「東方十二道」は、東海地方を中心とした東日本地域に相当するかもしれないが、「東方十二県」であったならば、後の上野国や下野国の主要な郡をあわせた程度の広がりになる。

渡良瀬川流域地域には、現存地名のレベルではあるが、東国地域では稀少な「県」地名が遺っている。その付近を中心に古墳時代前期に特徴的な前方後方墳が何基か築造され、その後の開発の進展に伴って東日本最大の前方後円墳である太田天神山古墳が出現するのである。何分にも決定的な同時代史料を全く欠くため、状況証拠のようなものの積み上げげになるが、以下私見の成立する可能性について検証してみたい。

二　渡良瀬川低地帯

大和「葛城」県は、奈良盆地のなかでも南西部を占め、特異な存在感を放っていた。古くは葛城氏の根拠地で、その滅亡後には蘇我氏の影響下にあったとされている。[1]大和六県相当の『倭名類聚抄』郡郷段階の具体的な構造は、次表に示すとおりであるが、ほぼ同時期に「―上・―下」型の分割が実施された「所布県・磯城県」と比較しても約二倍の規模があることがわかる。[2]少なくとも、先発する政治的実体であった可能性が高く、「所布県」・「磯城県」に編成された地域よりは、格段に大きな実体であったことは確実である。

二上山東麓に南北に長く所在する「葛城県」地域のなかでも、「忍海（郡）」の地点は、「葛城」地域の地理的中心に位置し、特殊な政治的意味を付与されていた。同様に、北端に位置した「広瀬（郡）」も、大和川が奈良盆地から川内平野へ流下してゆく際の、河川交通上の重要地点を占めていた。[3]

五世紀の朝鮮半島三国を中心とする対外関係に、葛城氏が密接に関与していたのは、前述の「百済記」などの記述によっても裏づけられている。朝鮮半島でも南東部に位置する新羅を主たる相手とした侵攻ということで、当時の比較的短距離で安全な主要航路として、近江（琵琶湖）経由で日本海側の若狭近辺から出撃した可能性もあるが、一般的には大和川を流下して、大阪湾から瀬戸内海経由で、北九州方面から出撃したとみるのが順当である。

そうした機動力のある集団が、対外関係に従事していなかった時期に、東日本各地に影響力を行使しなかったとは考えにくい。舟運によって、太平洋沿岸地域から各河川を利用して内陸部に至り、根源的な「毛野」とみられる渡良瀬川低地帯（右岸）に順次定着していった。直接・間接の影響が及んだ最大範囲は後の上野国の東半部に及ぶ広大なものである。

右のような国内移住の集団を母体として、渡良瀬川低地帯を中心に成立したのが「毛野県」だったのではないか。筆者が考える「毛野県」の具体的な領域的広がりは、『倭名類聚抄』郡郷で整理すれば表2のようなものである。

いずれも小規模な郡であるが「田」のつく郷名が多く、全体として平坦地が多いので、条件は必ずしもよくなくても、開田率は高かったと思われる。現状で典型的な広域条里は認められないが、下野国になる渡良瀬川左岸の足利郡や、右岸の梁田郡の水田地域では、かなりの頻度で条里型地割が設定されている。(4) 上野国山田郡と邑楽郡に関しては、

表1　「大和六県」の変遷

国名	Ⅰ	Ⅱ	Ⅲ	Ⅳ	Ⅴ	『和名抄』郷名	
大和	添県	所布評	（所布郡）	所布上郡	添上郡	山村・楢中・山邊・柳生・八島・大岡・春日・大宅	十二
				所布下郡	添下郡	村国・佐紀・矢田・島貝	
	葛城県	（　　）	（葛城郡）	忍海郡	忍海郡	津積・園人・中村・来栖	二八
				葛城上郡	葛上郡	日置・高宮・牟婁・桑原・上島・下島・下島・太坂・楢原・神戸・余戸	
				葛城下郡	葛下郡	神戸・山直・高額・賀美・蓼田・品治・当麻	
				広瀬郡	広瀬郡	城戸・上倉・下倉・山守・散吉・下句	
	磯城県	志貴評	（磯城郡）	磯城上郡	城上郡	辟田・下野・神戸・大市・大神・上市・長谷・恩坂	十四
				磯城下郡	城下郡	賀美・大和・三宅・鏡造・黒田・室原	
	高市県	高市評	高市郡	－－	高市郡	巨勢・波多・遊部・檜前・久米・雲梯・賀美	七
	十市県	十市評	十市郡	－－	十市郡	飯富・川辺・池上・神戸	四
	山辺県	山辺評	山辺郡	－－	山辺郡	都介・星川・服部・長屋・石成・石上	六

排水の問題もあってか、現行での水田の多さにもかかわらず、破片的な条里が散在している状態であった(5)。いずれにしても、統一的な施行ではなかったと思われる。

表2　想定「毛野県」の構成要素

国名	郡名	構成郷名	郡の等級	備考
上野	山田	山田・大野・薗田・真張	下—4	計8郷
	邑楽	池田・疋田・矢田・長柄	下—4	
下野	足利	大窪・田部・堤田・土師（・余戸・駅家）	下—6（4）	計9（6）郷
	梁田	大宅・深川（・余戸）	小—3（2）	

四郡の郷数は、合計で一七ないし一四郷で、全体として令制の「上郡」相当である。この程度の規模の広域評が強いて分割されるのは、七世紀末の政治的契機に通有の事例である。上野国山田郡と邑楽郡とは、各四里に均分されている。これに対し下野国の足利郡と梁田郡とでは、「駅家」を含む前者がやや大きく、後者が例外的な「小郡」である(6)。双方に「余戸」を含み、某里が分割されたことによって「余戸」二里分となったことが判明する稀少な事例である。足利郡「田部」里と梁田郡「大宅」里とが、本来の某ミヤケの本体になるだろう。

同じ地域で注目されるのは、「葛城県」に由来するとみられる賀茂神社（＝山田郡等）・長柄神社（＝邑楽郡）が、渡良瀬川右岸を中心に集中的に鎮座していることである。上流に賀茂神社・下流に長柄神社という形になっている。

○賀茂神社（葛木坐一言主神社＝葛上郡）→山田郡
○長柄神社（葛木坐長柄神社＝葛上郡）→邑楽郡
○倭文神社（葛木倭文坐天羽雷神社＝葛下郡）→（上之宮）那波郡
○火雷神社（葛木坐火雷神社＝忍海郡）→（下之宮）那波郡

邑楽郡に関しては、神社名が郷名に遺されている。現行の神社なので、すべてが当初の位置を保っているともいえないが、これは渡良瀬川を遡及してきた「葛城県」に関係する集団の構成員が奉祭していたものではないか。

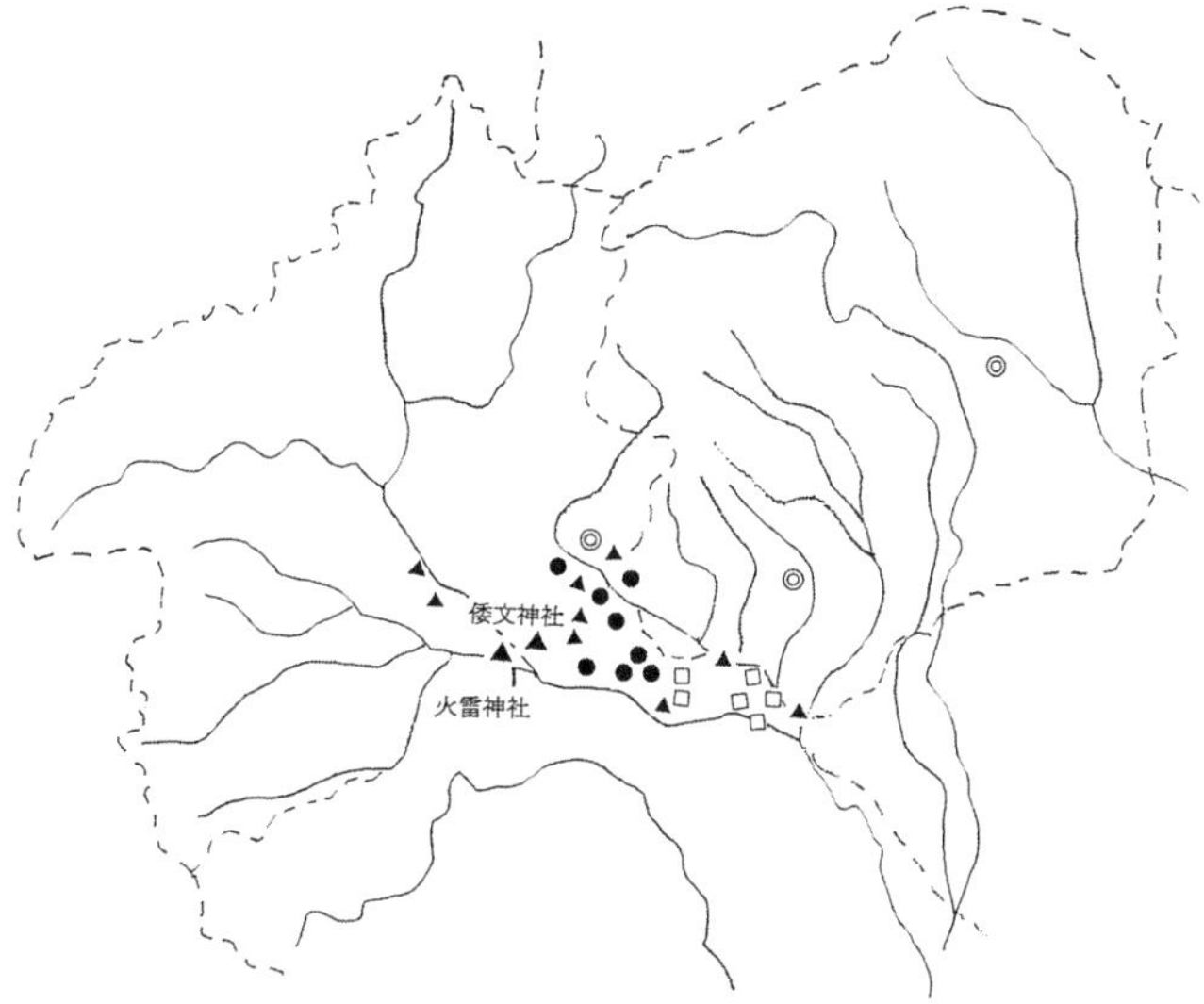

（●：カモ神、□：ナガラ神、◎：ミワ神、▲：雷電神社）

図2　カモ神社・ナガラ神社とミワ神社

さらに利根川上流の那波郡では、旧利根川流路を挟む形で、「倭文神社」と「火雷神社」とが相対して鎮座している。周囲はほぼ平坦地ではあるが、標高の高低に従って、それぞれ「上之宮」・「下之宮」と区別されている。ちなみに、山田郡と那波郡の間に位置する佐位郡には、明瞭な形での中央由来の神社の鎮座はみられないようだが、この点に関しては後述する。

「委文」は、那波郡の『倭名類聚抄』郡郷名にも遺されているが、「火雷」の方は遺されていないので、「委文」も周辺に設定された部民名に由来する可能性もあるが、詳細は不詳である。なお、衛星的に雷電神社の分布が重なっているが、中央起源の可能性もあるかもしれないし、雷神信仰の部分が在地化したものかもしれない。

また、上野国山田郡内には『延喜式』内社として三和神社も鎮座している。同じ『延喜式』内社である賀茂神社が、渡良瀬川右岸で茶臼山丘陵の北側斜面に東向きに鎮座するのと異なり、渡良瀬川左岸の谷の奥（上流）で、南西方向に流下する流路が大間々扇状地にぶつかって大きく南東方向に変流する地点近くに南面して鎮座するのである。

右に示した葛城系（奈良盆地西部）の神社群が、三和神社と時期差があったとして考えているが、明瞭な時期差がなかった場合の可能性もある。その場合には、時期的にはかなり下った問題になるだろうが、渡良瀬川をめぐる地理的な上・下関係が意味あるものとして意図されていたことになる。

〇ミワ神社（一社）↓カモ神社（多数）・ナガラ神社（多数）

上野国の前後の東山道筋では、この種のミワ神社が一国あたり一社配置される傾向にあるが、各国の様相では「国造」領域に一社の可能性もあり、そのようにみることができれば、上毛野地域に関しては山田郡周辺に「国造」的な性格の氏族が所在したかもしれない。太田天神山古墳の被葬者の性格が問題になると思われるが、後考に期したい。『先代旧事本紀』国造本紀が、とくに上野国―下野国の国境付近を問題にしているように読めるのと、何らかの関係があるのかもしれない。いずれにしても、上野国・下野国堺の渡良瀬川の両岸地域は、特異な個性を有するかなり優勢な集団が居住した時期もあったのである。

三　佐位郡ミモロ郷

佐位郡の音は、七世紀の評制段階で「佐為評」・後世の史料に「西郡」と表記する例もあるので、少なくとも中世以降は「サイのコホリ」であったと思われる。但し、字面だけからいえば「サミ」であった可能性もあるのではないか。

「佐味」にも音通するサミ（サビ）は、上野国の場合、佐位郡だけでなく緑野郡・那波郡の郷名にもみえており、全国で最も集中している。通説では、本来同一の実体を構成していたが、国郡制の実施の段階で、利根川等の河川の自然境界を行政区分に読み替えることによって分断されることになったという。そして、「東国六腹朝臣」に含まれるとされている同名の氏族（佐味君→朝臣）の本拠地とみなされているのである(7)。

しかし、今のところ上野国内の二つの「佐味」郷が近接していたという証拠はなく、河川の流路決定と地名との前後関係も、前者が圧倒的に古いので、政治的契機以前に、それぞれ別々の事情が存したと解するのが適当なのではないか。それ以上に、実は「東国六腹朝臣」を構成するような具体的氏族名は分明ではなく、該当すると考えられている氏族の居住痕跡も、上毛野朝臣氏の上野国（群馬郡・勢多郡）の場合を除いて直接には知られていないのである。もし「東国六腹朝臣」の「東国」に、日本国内に関わる何らかの意味があったのだとすれば、ほぼ東日本全体を射程に入れなければ成り立たないと思われるのである。

一方、上野国に限らない「佐味」は、一般的な事例の頻度的にはそれほど多くないが、『倭名類聚抄』郡郷で整理すると次表のようになる。後述の人名も含め、北陸道に何らかの核があると考えるべきだろう。そうであれば、北陸道に主体があった対外関係との関わりが注意される。備後国葦田郡佐味郷に関しては、詳細不明である。平安期の「東国六腹朝臣」という認識との関係は、当面不明とせざるを得ないが、地名を氏族名として負うような氏族の、具体的な居住地には対応する部分がある(8)。

具体的な人名で、居住地が知られているのもいずれも越前国で、越前国丹生郡では「佐味君浪麻呂」が郡司を勤めている。前代に「伽耶」との重要な交流地点となっていた北陸道地域に、比較的大きな拠点があった可能性が改めて注意される。

表3　『倭名類聚抄』郡郷の「佐味」

国名	郡名	構成郷名	備考
上野	緑野	林原・小野・升茂・高足・佐味・大前・尾張・保美・土師（・浮囚）・山高	※烏川による分断？
	那波	朝倉・鞆田・田後・佐味・委文・池田・荏束	
越中	新川	長谷・志麻・石勢・大荊・丈部・車持・鳥取・布留・佐味・川枯	
越後	頸城	沼川・都宇・栗原・荒木・板倉・高津・物部・五公・夷守・佐味	
備後	葦田	佐味・葦浦・都禰・葦田・駅家	

・丹生郡：戸主（佐味公入麻呂・佐味磯成・佐味大長・佐味敷浪）戸口（大長―磯守、敷浪―玉敷女）
・足羽郡：戸主（佐味智麻呂・佐味広足）、戸口（智麻呂―浄虫女）

同時代史料全般を見渡して、「佐味」の地名で最も注意すべきなのは、大和国高市郡の事例である。『倭名類聚抄』郡郷レベルでは残されていないものの、奈良県御所市葛城に大字名で「佐味」の地名があるという(9)。この佐味は、『日本書紀』神功皇后五年三月条の葛城襲津彦の新羅計略に関して、草羅城を抜いた際の捕虜で日本に連れ帰った人びとが居住しているのが「桑原・佐糜・高宮・忍海」とみえているのが相当するとされている。

右の四邑のうち「桑原」は、『倭名類聚抄』郡郷の葛下郡にみえる。また「高宮」についても『倭名類聚抄』郡郷の葛上郡にある。「忍海」は、大和国忍海郡である。これらの四邑は、いずれも葛城山の西麓に集中しており、漢系を自称するような渡来系氏族が多数居住していた。葛城氏とその後継を任ずる蘇我氏の勢力基盤であるとされている。佐位郡に初期寺院の上植木廃寺が存在するのも、そのような技術供与の可能性がある。

一方、上野国佐位郡の郡領氏族は檜前部君氏であり、この氏族は上毛野朝臣馬長が上野国守であった神護景雲元年（七六七）に、采女の檜前部君老刀自が「上毛野佐位朝臣」と改賜姓された。上毛野佐位朝臣老刀自は、翌年には「本国国造」に任命されている。同時期には、石上部君氏の改姓された上毛野坂本朝臣男嶋が雁行していたが、位階の昇叙に関する周到な準備の結果、地域への影響力の行使に関しては、上毛野佐位朝臣老刀自が上位に格づけされたとみられるのではないか。

上毛野佐位朝臣氏に対して上毛野坂本朝臣氏が、何らかのアドバンテージが得られたようにはみえない。平安期にはその差が決定的なものとなった可能性がある。なぜならば、その後上毛野佐位朝臣氏の同族とみられ、隣接する那波郡人であった檜前公綱主が、承和十四年（八四七）に「上毛野朝臣」と改賜姓されて、晴れて上毛野朝臣氏に仲間入りすることができた。右の上毛野朝臣綱主は諸役を歴任するが、綱主の子孫は本来の上毛野朝臣氏の人びととの分別が、史料上困難な状態になっている。それ以前の上毛野佐位朝臣氏や上毛野坂本朝臣氏、東北地方の地名を複姓に含む「上毛野（地名）カバネ」氏とは本質的に異なる存在である。

さらに注目したいのは、地名・氏族名からみる限り、上野国佐位郡には中央から波及する要素について、少なくとも二段階は認められることである。佐位郡の郡領を輩出する檜前部君氏が負う「檜前」の地名は、大和国高市郡の郷名（巨勢・波多・遊部・檜前・久米・雲梯・賀美）に含まれる。単純な地名ではなく、宣化天皇の「檜隈廬入野宮」名に由来し、その居住伝領者の飼養に関わる部民である「檜前部」に由来する。

今来郡ともいった高市郡は、有力な渡来系氏族である東漢氏の根本的な居住地であり、住人の大半が関係者で占められていた。「檜前」の地名を渡来系氏族と直結はさせられないだろうが、そのような古い渡来系氏族を媒介とするような結びつきが残存していた可能性はある。

また、佐位郡茂呂郷の「茂呂」は現存する地名である。現在では「モロ」であるが、『倭名類聚抄』郡郷では「美呂」とする場合もあって、本来の音が三音の「ミモロ」であった可能性を示す。周知のようにミモロは、三輪山の別名である(10)。前後関係は非常に微妙な問題だが、「毛野県」の構成要素であった上毛野山田評に、カモ神社・ナガラ神社→ミワ神社が、特定の集団による特定の政治的意図で、順次鎮座されていったのと類似する要素があるのではないか。但し、西に隣接する那波郡には葛城系の影響が波及しているにもかかわらず、上毛野東部地域平野部で、カモ神社・ナガラ神社に関する空白地点を形成していることは、逆の意味で同時代の政治的意図を示していると考えられる。佐位郡地域へのミワ系要素が先行し、山田郡地域では北端部にようやく進出できたものであるとすれば、先発する勢力との影響力行使の強弱が発生したのにも意味があることになる。

そのことに直接関連するのかどうか、伊勢崎市安堀町にある御富士山古墳は、全長一二五メートル・高さ九・五メートルの前方後円墳で、楯型の周堀を伴う。畿内型の精美な墳丘に、竪穴系とみられる主体部で長持型石棺を内蔵する。旧利根川左岸に位置する古墳のなかでは最大級に属する。主体部に伴う副葬品の詳細は不明であるが、畿内型の長持型石棺は、関東地方では現状で太田天神山古墳と御富士山古墳との二例しか知られていない。関東地方全般では、同時期の類似の内容の有力古墳で、全く内容の不明な事例がいくつも残されていないような現状では、今後多数の長持型石棺が多数検出されるとは思われない。特定・特殊の意図で選択された石棺の形式であれば、単なる流行に帰せしめ得ないのではなかろうか。

それに関連して、伊勢崎市茂呂町の広瀬川左岸に、通称「茂呂城跡」があって、その構成要素に「飯福神社」ののる「上ノ山」がある（図3）。主郭部分の東側の自然の丘陵地形（赤城山の流山の一種か？）であって、その存在によって外壕が西側に大きく屈曲している。標高等ではとくに目立つ存在でもないが、平坦地にあるため、中世城館の防御施設に組み込まれる程度には存在感がある。城内を俯瞰できるかもしれない位置にあることは、戦略的には不都合だろう。戦国時代以前の地域にあって、ミモロ山に見立てて祭祀を行うような場所であった可能性があるのではないか。

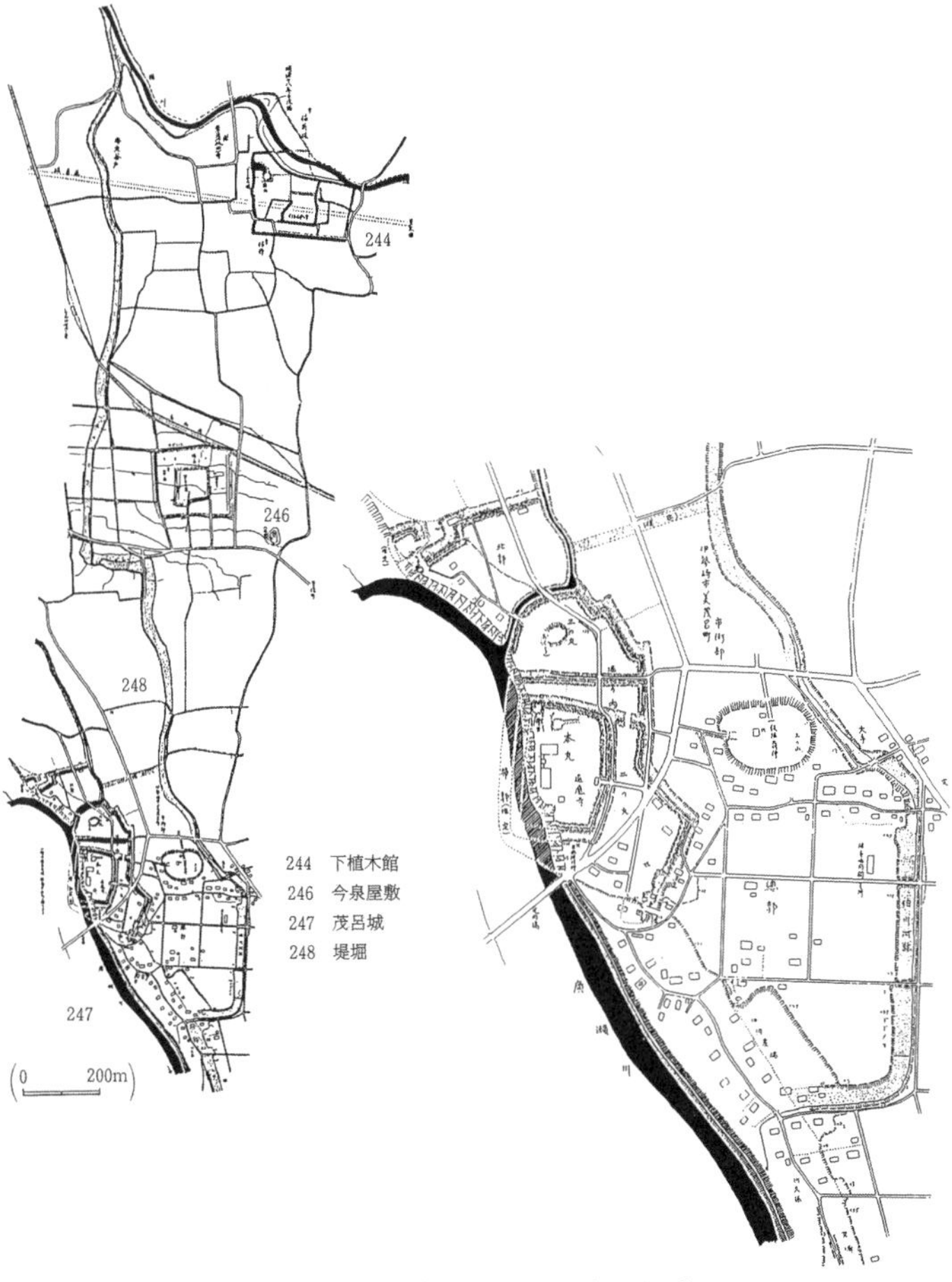

図3　茂呂城及び茂呂城周辺図（群馬県教育委員会『群馬県の中世城館』（1988）より転載）

逆に、大和国に存する地名というレベルでは、現在の奈良県五條市に「上野（コウズケ）」という地名の例があるのが知られている。(11) 奈良盆地に通有の一連の全国国名の地名になるが、一般的には地方から上番した際の各国の関係者の拠点に関わっていたとされる。現地は吉野川（紀ノ川）流域で、和歌山県境に程近い。旧郡では宇智郡になるが、大和国宇智郡は『倭名類聚抄』郡郷では四郷（阿陀・賀美・那珂・資母）で構成されていた。

『日本霊異記』では、紀ノ川流域の紀伊国には、上毛野君氏の関係者が居住しており、仏教信仰に深く関わっていたことが知られている。(12) これらの「上野」関連地名と「高市郡檜前郷」の想定地は、「檜前」の地域的広がりが広大なこともあって、かなり隣接した状態になっている。現状では、相互に有機的連関があるかどうか確証はもてないが、単なる偶然として看過できないものがある。後考に期したい。

四　上毛野東部地域の盛衰

上毛野地域を東国全般から切り離してミクロに捉えてみると、旧利根川の前橋低地帯を基準に、上毛野各地域の地域性を考慮して考えることができるが、それぞれの所属郡名は次のようになる。最近提唱されているように、「上毛野」地域単位で「道」制度が導入されていたのだとすれば、西部・東部の単位で「（上毛野）道前・（上毛野）道後」ということになるだろう。(13) 但し、「道」制度の導入が、「下毛野」部分を分割（「那須」地域併合）する前なのか後なのかは問題になる。

左に整理した①～⑦のグループは、国・郡編成以前の広域「評」の可能性を示している。本章でとくに問題にしているのは⑥のグループであるが、改めて全体を順次整理してみる。(14)

①「広域碓日評」とでも呼ぶべき吾妻郡と碓氷郡とは、それぞれ石上部君（上毛野坂本朝臣）氏が郡領級の氏族として確認できる。東山道「駅路」の路線決定に伴って碓氷郡「坂本」郷を名字の地とすることになったと考えられるなら、石上部君氏は「吾妻郡→碓氷郡」という方向に勢力拡大したことになる。北陸地方からの交通に特化した、六世紀以前の吾妻川流域地域の政治的重要性[15]に注意すれば、両郡地域は一体であったと考えるべきだろう。

・西部北：①吾妻郡・碓氷郡→榛名山
　　南：②甘楽郡（・多胡郡）→鏑川流域
　　　③緑野郡→武蔵国賀美郡・那珂郡・児玉郡と分割？
　　　④片岡郡・群馬郡・那波郡→前橋・高崎台地　以上「道前」
・東部北：⑤利根郡・勢多郡→赤城山
　　南：⑥佐位郡・新田郡→大間々扇状地を二分
　　　⑦山田郡・邑楽郡→下野国足利郡・梁田郡と分割？　以上「道後」

②私見では「広域甘楽評」と仮称している。和銅四年（七一一）に設置された多胡郡は、甘楽郡東部から析出された。鏑川流域が中心になるが、それ以外の南北に広がり、必要以上に拡大したとみられる部分を整理していった最終段階が多胡郡の設置になる。中位段丘面を中心に、全面的に条里地割が施行されている。

③「広域緑野評」は、神流川の両岸の扇状地状の地形に展開していた可能性がある。比較的小規模な郡が集中するが、「上（賀美郡）—中（那珂郡）—下（児玉郡）」という機械的な分割が実施された。そして、国郡制の導入にあたっては、利根川～神流川が国レベルの自然境界になったとみられるが、当初は「東山道」ということで一体性が維持されたとみられる。

④「広域車評」は、榛名山南麓の前橋台地・高崎台地に占地している。東端を利根川旧流路が流下し、前橋低地帯を形成している。同時代に低地帯内部の安定化と開発も進行していたのが判明しているで、勢多郡との境界は不明瞭で

ある。用水網が整備されて以降には、関東平野でも屈指の広域条里地割が現出することになった。以上が、旧利根川以西になり、畿内に近いという意味で「道前」になるだろう。

⑤「広域勢多評」は、赤城山北麓から南麓にかけて、開発可能な地形に悉皆的に働きかけた地点である。本来、前方後円墳の築造に象徴されるような首長の標的にはならず、後期を中心とする群集墳の点在的分布に示されるようなやや消極的な開発が進められた。条里地割はあっても破片的である。

⑥「広域入田評」は、大間々扇状地全面に展開する形である。扇状地中央部を南北に流下する早川が、地域を二分する形の基準線になっているが、本質的に自然流路とは考えにくいので、人工河川であれば造営の時期は遡及するかもしれない。扇状地上は多くが乏水地帯なので、扇端部以下の湧水線以下の低地が広域条里地割を遺している。

⑦「毛野県」は、渡良瀬川両岸地域を中心に存在した可能性がある。道前に所属した上毛野「緑野屯倉→評」と同時期のミヤケが下毛野「足利評（・梁田評）」付近に所在した可能性がある。国郡制の実施にあたって渡良瀬川が自然境界で国堺になり、ミヤケも解体されたとみられる。以上が、旧利根川以東になり、相対的に畿内に遠いという意味で「道後」になる。

これらの①〜⑦の地域的まとまりには、多くの場合それぞれ地域の核になるような郡（または評）があったが、国郡制の実施にあたっては、有勢な郡（評）を均等に近い二分割（ないし四分割）がなされたようである。大宝令下の化内を対象とする「廃置国郡」は、そのような機械的分割が困難な事例を中心に実施された。上毛野地域にあっては、それが和銅四年の多胡郡設置ということになる。

西部の④地域や東部の⑤地域は、榛名山二ッ岳が噴火すると激甚災害に見舞われる地域であったが、浅間山が噴火すると上野国以東の下野国・常陸国などでも被害がでた。治水という認識があまりない段階では、河川の流域で低地が多かった③地域や⑦地域は、水害が避けられなかったであろう。地震や台風被害などの場合も想定できる。各種の自然災害は、地点によってはほぼ不可避であったろう。

但し、東部の⑤〜⑦地域が次の段階で荒廃がすすみ、一郡単位の荘園を成立させてくるのは、やはり人為的要因が大きかったと思われる。七世紀後半からの地域編成の動きによって、本来の社会組成を機械的に分割されたこと、それによって絶対的な生産力が回復できなかったこと、交通の要路のうちでも、分岐「入（新＝ニフ）田衢」後に東北地方に近い位置にあって、多くの住民が「楽遷」の対象になったこと、などが想定できる。国衙領が多数設定されて、上野国府の引力圏内が持続された西部の②・④地域とはかなり異なった状況が現出したものと思われる。

政治的実体としての「毛野（県）」は、後の令制国境をまたぐ形で、渡良瀬川両岸に広がっていたと思われる。その場所は、時代が下っても渡良瀬川を利用する河川交通の重要ポイントであり続けた。類似した要素は、上野国―武蔵国の国境付近でもみることができる。但し、武蔵国に編入されたこの部分は、神流川の扇状地を中心に広がっており、多くの古代寺院などが建立されていた。[16]「毛野（県）」付近と同じように、埴輪生産の時代から窯業生産が行われていても、細部の事情は大幅に異なるようである。

少なくともいえることは、旧利根川流路以東の諸郡では、東山道「武蔵道」（＝入間路？）を武蔵国方面から北上してきて、東山道「駅路」の「入（新）田衢」を右折して東北地方へと向かう陸路が、徐々に繁華な存在となっていったことである。下野国薬師寺に天下三戒壇の一つが設置されて、東国地域の仏教の中心施設へと転化していったのもその辺りに関係している。上野国側に関していえば、近年調査が進んでいる「天良七堂遺跡＝新田郡衙」政庁が異例の規模なのは、このチマタの国家的な政治的意義の大きさに関係している可能性がある。[17]

かたや、「入（新）田衢」を左折して上野「国府」方面に向かう道路は、中部高地方面で常に途絶の危機と向きあわなければならなかった。面倒な碓氷峠越えのその先が、通行可能かどうか判然としない状態で、必ず終了させるのがあたり前の業務に使用するだろうか。陸路にもたくさんの便路があり、国家的な威信といった必要でもなければ、あえて高高度の不便な路線を選択する必要はなかったはずである。天候さえゆるせば、それら以上に沿岸地域を航行する舟運が無難であったとみるべきだろう。

政治的・経済的な磁場の変化で、交通網と交通手段とは絶えず流動する。その一方で、何十年・何百年と歴史的・伝統的に慣れ親しんだ路線を、中央の政治的意図だけで改変されたような路線に変更することは、それだけでかなり困難な作業であったといえるのではなかろうか。

注

（1）この点に関する私見については、拙著『東国の古代氏族』（岩田書院、二〇〇七年）、同『古代上毛野の地勢と信仰』（岩田書院、二〇一三年）、同『日本古代地域編成史序説』（岩田書院、二〇一五年）ですでに若干の整理を試みた。
（2）拙稿「長田郡と足柄郡」（『史苑』四五巻一号、一九八六年）。
（3）平林章仁『七世紀の古代史』（白水社、二〇〇二年）。
（4）日下部高明「北関東における条里研究の動向」（『条里制研究』二号、一九八六年）。
（5）拙著『上毛野の古代農業景観』岩田書院、二〇一二年）。
（6）関和彦「余戸論」（『風土記と古代社会』塙書房、一九八四年）。
（7）尾崎喜左雄『群馬の地名』下巻（上毛新聞社、一九七六年）。
（8）拙稿「「東国六腹朝臣」をめぐって」（『信濃』五八巻一一号、二〇〇六年、後、拙著前掲注（1）『東国の古代氏族』）。
（9）池田末則『地名伝承論』（名著出版、一九九〇年）。

（10）近年の北条芳隆『古墳の方位と太陽』（同成社、二〇一七年）では、「大和南東部古墳群」の組成を考察するなかで、「ミワ山」と「ミモロ山」とが同じ山体の別名なのではなく、「ミモロ山」の一部が「ミワ山」であり、両者には「ミモロ山」→「ミワ山」という厳然たる序列が存在するという重要な問題が再提起された。こうした考え方は、本居宣長の段階までは十分承知されていたが、その後忘失されて今日の解釈・理解が定着されたとする。現状では超えなければならないハードルは多いかもしれないが、「ミモロ」に関する解釈としては従うべきものがあると考える。こうした考え方によるならば、上野国山田郡に「ミワ」神が鎮座し、同佐位郡に「ミモロ」郷が所在し、那波郡に「シトリ」神が鎮座することに関して、改めて様々な解釈の可能性が発生することになる。現状ではいまだ成案がないが、より上位の古い要素である「ミモロ」が佐位群内にあることは、先発が予想される「葛城（カモ）集団」（大和南西部）に先行する段階として、最古級の大和南東部の集団が関係していた可能性があることになる。同時代ではなくて、古代のある段階で架上された可能性もあるので、慎重な対処が必要である。「ミモロ」山相当の山体としては、「クロホ（赤城）」の山が想定できるだろうか。いずれにしても、座視できない問題であると思われるので、後考に期したい。

（11）池田末則『地名伝承論』（名著出版、一九九〇年）。また、薗田香融「和歌山県小川田庄五区共同保管大般若経について」（『古代史の研究』創刊号、一九七八年）。

（12）平川南「多胡碑の輝き」（土生田純之・高崎市教育委員会編『多胡碑が語る古代日本と渡来人』吉川弘文館、二〇一二年）。

（13）「毛野県」の内容に関する私見については前述の通りである。また、上毛野西部地域の大半を占める「広域甘良評」の存在は、ほぼ確実であったろうと考える。そのことを大前提に、今回は前掲注（12）平川論文に導かれる形で、上毛野地域に関する自余の諸地域の性格づけを試みた。

（14）拙稿「古代吾妻郡の組成と性格」（同前掲注（1）『古代上毛野の地勢と信仰』）。

（15）埼玉県史編纂室『埼玉県古代寺院調査報告書』（一九八二年）、国士舘大学考古学会編『古代社会と地域間交流Ⅱ』（六一書房、二〇一二年）等参照。

（16）須田勉『古代東国仏教の中心寺院・下野薬師寺』（新泉社、二〇一二年）、同「下野薬師寺の創建と官寺化」（『日本古代の

寺院・官衙造営』吉川弘文館、二〇一三年）、拙稿「下野国薬師寺の改編と古代東国の仏教」（野田嶺志編『地域のなかの古代史』岩田書院、二〇〇〇年）等。

（17）条里制・古代都市研究会編（『日本古代の郡衙遺跡』雄山閣、二〇〇九年）、佐藤信編『古代東国の地方官衙と寺院』（山川出版社、二〇一七年）等参照。

第二章　古代の「山田」と上毛野

一　その後の「毛野」県

古代の上野国でも東部に位置する山田郡は、東山道「駅路」に沿い、下野国との国境の郡であるという場所柄、もっと注目されてよいと思われるのだが、上野国一四郡のなかでも印象はかなり薄い。前代の大型の前方後円墳や大規模な群集墳が立地せず、駅路が通過していても駅家が設置されていないためであろうか。

一方、『倭名類聚抄』（以下、「倭名抄」と略す）郷名として「山田・大野・薗田・真張」の四例が知られている。戸令定郡条でいう「下郡」に相当する、比較的小規模な郡であったとみられる。大間々扇状地の東縁を、くの字に屈曲して流下する渡良瀬川による分断の影響があるだろう。

さらに注意されるのは、前述するとおり本来大和国に起源を有するとみられるミワ神とカモ神とが所在することで(1)あり、とくに後者は、隣接する邑楽郡のナガラ神とともに、特徴的な集中の状況を示しているのである。多少時期の前後はあるのかもしれないが、大型の前方後円墳が所在しない前提として右の事実があるとすれば、上毛野地域全体の動向とも密接に関係してくるであろう。

地域研究の定石として、当然のことながら古くより山田郡内各郷の現地比定が試みられている。渡良瀬川右岸の「薗田」と同左岸の「山田」については、その後の史料や遺称地などの関係でほぼ確定的であるだろうが、自余の「真張」と「大野」については、当面遺称地などもみられず、集落遺跡の分布などから漠然と地域が割り振られている状態である。

近年、周辺地域での埋蔵文化財の調査が進展し、その内容が非常に特徴的である可能性も出てきた。現状では、周知の資料の整理も十分ではないが、以下の各項目の内容について現時点での試案ということで、大方のご教示を得たい。

二　古代の「山田」

一般名詞としての「山田」はいうまでもなく、固有名詞としての「山田」には地名のほかに各種人名がある。まず地名に関して「倭名抄」にみえる郡郷名について整理してみたのが表4である。この整理によれば、郡名としての「山田」は伊賀国・尾張国・上野国・讃岐国の各国でみられる。以上四国のうちで、同郡内の郷名にも「山田」がみられるのは尾張国・上野国だけである。但し郷名を含めれば、地域的には東海道地域にやや集中しているが、北陸・山陽に少ないほかは、かなり平均的に分布しているといえるだろう。

これらの各地について、地形的・地勢的に山間地である場合には「山田」が地形に基づく即物的な言葉である可能性を示すことになるだろう。やや主観的な部分もあるが、主として現況地形図等[2]によって分類を試みれば次のようになるのではなかろうか。

右の各地点に関してⅠ＝山がちで字面に合う場合、Ⅱ＝条里水田などが広く認められるような平地を含み、字面に合わない場合、Ⅲ＝Ⅰ・Ⅱの中間地域の場合のように分類してみると次のようになる。

Ⅰ）伊賀（山田）・伊勢（度會）・参河（賀茂）・遠江（周智）・飛騨（荒城）・石見（美濃）・伊予（宇摩）・筑前（那珂・嘉麻）・豊前（上毛）

Ⅱ）河内（交野）・武蔵（入間）・上総（市原・海上・埴生）・常陸（久慈）・陸奥（磐瀬・菊多・磐井）・丹波（与謝）・播磨（賀茂）・讃岐（山田）・土佐（香美・幡多）・筑前（宗像）・肥前（基肄・佐嘉・高来）

Ⅲ）山城（葛野）・尾張（山田）・上野（山田）・下野（那須）・讃岐（阿野）

こうした整理による限り、現代的な感覚に基づいた字面からイメージされるものと、現地の実態との間に多少の隔たりがあるだけでなく、「足引きの」山田というようなイメージとも異なっているようである。

全国の「山田」郡（郷）のなかで史料的に恵まれ、比較的詳細にその実態が知られているのは、まず讃岐国山田郡の場合である。(3)『日本書紀』天智六年（六六七）に、朝鮮半島情勢へ対応として「屋島城」が設定された地域で、国家とのダイレクトなつながりを感じさせる。松原弘宣氏の整理によれば、讃岐国山田郡の居住氏族として表5のような事例が知られている。それらの氏族に関して注意すべき特徴としては、

①郡大領に綾公氏（渡来人の「漢部」とする説あり）が知られるが、同氏は阿野・香河・山田の三郡にまたがる地方豪族であったこと。

②少領に凡直氏がいるが、本来寒川郡を本拠とするものが進出したと考えられること。

③秦氏が存在すること。

などが挙げられるであろう。ここには各段階の渡来系氏族の痕跡が明瞭にみられるが、現在までのところ後述するよ

表4　「倭名抄」にみえる郡郷名「山田」

国	郡	郷	同郡内の構成郷	分類
山城	葛野	山田	橋頭・大岡・川邊・葛野・川嶋・上林・櫟原・高田・下林・錦代・田邑	Ⅲ
河内	交野	山田	三宅・田宮・園田・岡本	Ⅱ
伊賀	山田	―	木代・川原・竹原	Ⅰ
伊勢	度會	山田	宇治・田邊・城田・湯田・伊蘇・高田・箕曲・沼木・継橋・二見・伊気・駅家・陽田	Ⅰ
尾張	山田	山田	船木・主恵・石作・志談・山口・加世・両村・餘戸・駅家・神戸	Ⅲ
参河	賀茂	山田	賀茂・仙陀・伊保・挙母・高橋・賀祢・信茂	Ⅰ
遠江	周智	山田	小山・依智・大田・田椀	Ⅰ
武蔵	入間	山田	麻羽・大家・郡家・高階・安刀・廣瀬	Ⅱ
上総	市原	山田	海部・市原・江田・濕津・菊麻	Ⅱ
	海上	山田	佐弖・稲庭・大野・倉橋・福良・嶋穴・馬野	Ⅱ
	埴生	（山田）	埴生・埴石・小田・坂本・横栗・何家	Ⅱ
常陸	久慈	山田	岡田・八部・倭文・高月・助川・美和・志万・真野・神前・久米・大田・河内・揭嶋・世矢・佐竹・武市・木嶋・佐野・餘戸	Ⅱ
飛騨	荒城	山田	名張・荒城・深町・飽見・餘戸・高家・道口	Ⅰ
上野	山田	山田	大野・園田・真張	Ⅲ
下野	那須	山田	那須・大笥・熊田・方田・大野・武茂・三和・全倉・大井・石上・黒川	Ⅲ
陸奥	磐瀬	山田	磐瀬・惟倉・広門・餘戸・白方・駅家	Ⅱ
	菊多	山田	酒井・川邊・大野・餘戸	Ⅱ
	磐井	山田	丈凡・沙澤・伸村・磐井・磐本・駅家	Ⅱ
丹後	與謝	山田	宮津・日置・拝師・物部・謁叡・神戸	Ⅱ
石見	美濃	山田	都茂・益田・苓気・山前・大農・美濃・小野	Ⅰ
播磨	賀茂	山田	三重・上鴨・穂積・川内・酒見・大神・川合・住吉・夷俘	Ⅱ
讃岐	山田	―	殖田・池田・坂本・薐甲・三谷・拝師・田中・本山・高松・宮所・喜多	Ⅱ
	阿野	山田	新居・羽床・甲智・鴨部・氏部・山本・林田・松山	Ⅲ
伊予	宇摩	山田	山口・津根・御井・餘戸	Ⅰ
	香美	山田	安須・大忍・宗我・物部・深渕・石村・田村	Ⅱ
土佐	幡多	山田	大方・鯨野・牧田・宇和	Ⅱ

筑前	那珂	（山田）	田来・日佐・那珂・良人・海部・中嶋・仮曳	I
	宗像	山田	秋・怡土・荒自・野坂・荒木・海部・席内・深田・蓑生・辛家・小荒・大荒・津九	II
	嘉麻	山田	草壁・三緒・大村・鯛別・馬見・碓井	I
豊前	上毛	山田	炊江・多布・上身	I
肥前	基肆	山田	姫社・基肆・川上・長谷	II
	佐嘉	山田	城埼・巨勢・深溝・防所・小津	II
	高来	山田	新居・神代・野島	II

うな「山田」に直接関係する形の氏族は知られていない。その一方で、八世紀前半段階までの開発過程をあとづけられる可能性のある弘福寺領の存在も注意されるところである。(4)

また尾張国山田郡は、本来「評」制段階と思われる『日本書紀』天武天皇五年（六七六）に「次（すき）」である「丹波国訶沙郡」と並んで「斎忌」としてみえるのが初見である。その後、六国史の改賜姓記事や平城宮木簡などに「酒部」「生江臣」「小治田連」「三家人部」「物部」などの人名が地域勢力として散見される。天平二年（七三〇）の「尾張国正税帳」の記載も注意されるだろう。(5)

さらに伊賀国山田郡は、確実な初見こそ『日本三代実録』貞観七年（八六五）まで下るが、『日本霊異記』などの舞台となるほか、畿内に準じる地域として壬申の乱（六七二）などの国家的事件に密接に関係していたことは周知の事実である。

郷レベルでは史料的に弱いものが多いが、こうしたなかで注意されるのが『常陸国風土記』久慈郡条にみえる「山田里」であろう。これは「倭名抄」段階まで継続する地名である。「郡（家）北二里」に位置するという「山田里」は、「多為墾田。因以名之」とその名の由来を示している。現在の現地は、とりわけ農耕条件に恵まれているというほどでもないようだが、少なくとも記事の同時代には久慈川に合流する多くの河川があって、緑豊かで快適な環境にあり、

表5　讃岐国山田郡の居住氏族

人名	官位	時期	備考	出典
綾公人足	外正八位下・大領	天平宝字七年		図録東寺百合二十一号
凡直	従八位上・少領	同右		同右
佐伯	従八位下・主政	同右		同右
秦公大成	大初位上復擬主政	同右		同右
秦	外少初位下（・主帳）	同右		同右
讃岐造曹足		同右	弘福寺領の経営担当者か	同右
舎人国足		天平十六年		大日古二四―二六〇頁
葛木部竜麿		奈良時代	海郷の人	平木三四八
宗我部		同右		平概四―一二頁
田中真人広忠女		同右	三木郡大領小屋県宮手の妻	日本霊異記下―二六話
布敷臣依女		同右		日本霊異記下―二五話
讃岐公全雄	外従七位上	承和三年	右京へ貫付	続後紀　承和三・三・戊午

近隣の村人たちが集まっては「筑波之雅曲」を唱い、「久慈之味酒」を飲する豊かな場所であるとされている。このことは、同風土記の行方郡条などの困難な開発説話を伴う地域とは異なり、比較的早い段階で開発が終了し、しかも安定的に耕作が継続されていたことを示すのではなかろうか。「山田」のイメージが、本来そうしたかなり良好なものであったことを確認しておきたい。上野国山田郡に関しても、類似したイメージで命名された可能性があると考える。

『延喜式』神名などによる神社としては、近江国犬上郡山田神社・同国坂田郡山田神社・讃岐国刈田郡山田神社などが知られているが、絶対数が少ない。強いていえば、後述する渡来系氏族の信奉する神であった可能性があるが、断定はできない。同じ讃岐国山田郡には『延喜式』内社の記載が全くなく、今のところ近隣の刈田郡山田神社との関係は不明である。

一方、「山田」を姓として負う氏族に関して『新撰姓氏録』によれば次のような事例が知られている。

【右京諸蕃上】山田宿禰（出自周霊王太子晋）・山田造（山田宿禰同祖。出自忠意）

※同祖を称する氏族…志我閉連（出自王安高）・長野連（出自忠意）

【河内国諸蕃】山田宿禰（出自魏司空王昶）・山田連（山田宿禰同祖。出自忠意）・山田造（山田宿禰同祖。出自忠意）

※同祖を称する氏族…長野連（出自忠意）・志我閉連（出自王安高）・三宅史（出自忠意）

【未定雑姓（和泉国）】山田造（新羅国天佐疑利命）

右にみえる氏族のうち、「山田」の姓を負うものは概ね一系統の氏族が複数の改賜姓によって分岐したものと考えられる(6)。以上の関係を整理すると上のようになる。『新撰姓氏録』に三種類の姓（カバネ）の氏族（少なくとも五氏）を残す点にみられるように、改賜姓の度毎に積み残しとなった氏族があり、史料上確認できない山田御（三）井宿禰の系統も全く存続していなかったとはいえないので、本来単一の氏族としてみればかなり拡散している。

○山田史↓七五五山田御井（三井）宿禰……↓?
　七五九山田連↓　↓　七七〇山田宿禰↓
　　山田連↓　↓
　七五九山田造↓　山田連↓（七七〇山田宿禰↓）
　　山田造↓　（山田連　↓

『新撰姓氏録』
山田宿禰
山田連
山田宿禰
山田造
山田連）

※数字は、知られる改賜姓の年代

単発の個人レベルではかなりの関連史料を残しており、古代国家の中枢部分へと関与していった者も認められるが、具体的な氏族伝承等を全く遺さないため、渡来系であるという以上はやや曖昧な印象がある。

明確な土着性は薄く、具体的な居住地としては「右京」「河内国」「和泉国」などが知られるが、姓に関わる根本の地としては「河内国交野郡山田郷」の地名（表4参照）に由来するとされている。知られる範囲では一系なので、少なくとも河内（和泉）国→右京という移住があったと考えられる。しかしその移住は、全国にまたがるような性格のものではなさそうである。そうであれば、『播磨国風土記』の地名説話などにみられるように、氏族名が地名の起源となってはいないようである。古い時期の子代・名代などと関係しないこともあって、明瞭な特徴は指摘しにくい。他の「山田」関連の史料では、『日本書紀』神功皇后摂政前紀庚辰十二月十四日に「穴門山田邑」がみられる。「阿武国造」の本拠地と考えられる長門国阿武郡付近かと思われるが、「倭名抄」レベルの地名ではない。朝鮮半島への進出の成功を祝った地点であり、ヤマト勢力と密接な関わりをもっていたと解すべきであろう。

・蘇我倉	山田	麻呂		臣	（『日本書紀』皇極天皇三年正月条）
・　倉	山田			臣	（『日本書紀』皇極天皇三年正月条）
（・		麻呂		臣	（『日本書紀』皇極天皇四年六月条）
・蘇我倉	山田	石川	麻呂	臣	（『日本書紀』孝徳天皇即位前紀）
・蘇我	山田	石川	麻呂大臣		（『日本書紀』孝徳天皇即位前紀）
（・蘇我		石川	麻侶大臣		（『日本書紀』大化元年七月条）
・蘇我	山田	石川	麻呂		（『日本書紀』大化元年七月条）
・蘇我倉	山田		麻呂大臣		（『日本書紀』大化元年七月条）
・　倉	山田		大臣		（『日本書紀』大化五年三月条）
・	山田		大臣		（『日本書紀』大化五年七月条）
・	山田			臣	（『家伝』上）

また、蘇我倉山田石川麻呂の存在も注意される。『尊卑分脈』には「蘇我倉山田国咸大刀自」という女性も知られているが、問題なのは表記に揺れのみえる石川麻呂であろう。ここに含まれている「山田」は大和国（十市郡）の地名で

あるとされるが、やはり「倭名抄」レベルの地名ではない。「山田」に注目して石川麻呂の表記を整理すると右のようになる。

蘇我氏の有力な枝族の氏上である石川麻呂が、非業の死を遂げたことが少なからず関わっているのだろうが、頻度だけからいうなら「山田」こそが石川麻呂個人の属性を示す最大のキーワードであると認識できる可能性がある。短期間とはいえ、国家の枢要にあった石川麻呂一族の居住地という意味では、その象徴的なあり方を容易には看過できない。

また『古事記』上巻には「山田之曾富騰」という言葉がみえている。「久延毘古」の後の姿で「足雖不行尽知天下之事神也」と評されている。単なる「曾富騰」ではなく「山田之」であることの意義を重視したい。この場合の語彙は、大変広大な面積の場所（天下国家）が対象になっている。

非常に限られた要素しか抽出できないので、即断は避けなければならないが、「山田」の原義は山間僻地の農耕不適地と断ずることはできない。様々な時期と水準とで、各地点でのヤマト勢力（ないしその与党）にとっての政治的意味の少なくない地点を占め、したがってその開発起源が近隣に比べて古い時期に属し、良質な耕作地を維持していた場所であった可能性がある。そのような地点であれば、各時期でその段階に応じて政治的意義が高まることがあったろう。全国各地の地名「山田」の意味も、そうした観点から再構成し直してみる必要があると考える。

三　上野国山田郡大野郷

前述のように、ある段階の上野国山田郡を構成する郷のなかには「大野」郷が含まれていた。上毛野氏と同族関係を主張する氏族のなかに大野朝臣（←君）氏があり、単純にその出自の地と考える見方もある。しかし、そのような単純な理解では済まない要素を内包している部分もあるのではないか。たとえば『出雲国風土記』秋鹿郡条では、同郡の「大野郷」の旧名を「内野」といったとする。「ウチなる野」とは、謂わば天皇のミウチに関わる場所である。畿内近国を中心に、ウチなる郡や郷が多数配置されている（宇治・宇智など）。同様な事例が山田郡内にあったとすれば、それは重大なことになるであろう。

ところで、これまでに確認されている古代の上野国山田郡に関する同時代的な出土文字資料の数は、他地域と単純に比較した場合、それほど多いとはいえない。古代の出土文字資料の大きな属性として、貢納に関わる所属の表示の場合（木簡など）が多く、結果として出土地点の属性に広がりが生じる。各出土地点に注意して整理すれば、概ね次のようになる。

①上野国外出土（宮都・都城・官衙等）
②上野国内出土（上野国府・国分寺等の官衙等）
③山田郡内出土（山田郡衙・集落等）

①については、調・庸などとして、宮都に運ばれて国庫に納入された物品に付属する付札などであり、例外的に取りまとめた地方官衙や、交通路に関係した官衙などで検出される場合もある。

②は、地方官衙に集約されたもので、本来公的性格が強い事例であるが、目下のところ群馬県内ではほとんど検出されていない。例外的に、献物叙位に関わるとみられる国分寺造営関係の物品（建築部材・瓦等）がある。

③は、これまでほとんど報告例がない状態であったが、最近の北関東自動車道の建設に先立つ調査等で相当数が確認され、考察も加えられるようになってきた。(7)

①～③については、偶発的な移動もなくはないだろうが、基本的には遺跡地の近辺の性格を表示するものである。したがって、類例が増加してきた③については、今後調査報告書が出そろった段階で、順次俎上にのせることとして、今回は①と②に基づいて表題の問題に関する私見を提示してみたい。

奈良文化財研究所の公表する「木簡データベース」で「上野国山田郡」を検索すると、次の一五点が表示される（表6参照）。すべて宮都・都城から出土したもので、租税として貢納された物品に付せられた付札になる。以上を出土地別に分類すれば、

・飛鳥・藤原京…⑫・⑬・⑭・⑮（七世紀）
・平城京…①・②・③・④・⑤・⑥・⑩（八世紀）
・長岡京…⑦・⑧・⑨・⑪（九世紀）

大半が断片ないし削り屑の状態なので、情報量に限りがあるだけでなく、可能性のあるものがすべて拾われているので、他国の事例も含まれているとみられる。確実に「上野国山田郡」に関係するのは、そのように明記されている②・③の二点だけである。

⑫・⑬・⑭は、七世紀に属する事例で、⑫・⑬は「評―里」制、⑭はそれにやや先行する「評―五十戸」制下の表記を示す。⑭がもし上毛野関連の事例であるとすれば、最古級の文字資料ということになるが、畿内近国の所属である可能性が高いであろう。

同様に、⑬には「丈部」という氏族名がみえており、上野国関係である可能性もあるが、下野国や陸奥国の場合でも事情は類似しており、断定はできない。[8] こうした傾向の下では、記載内容が全てそろう④が非常に貴重である。記載内容を、項目毎に分解すれば、a納税者居住地・b納税者氏名・c物品名・d納税年月日が知られる（「　」・等は

表6「上野国山田郡」関連木簡

	釈文	型式番号	出土遺跡
①	山田郡建侶酒部枚夫赤米	031	平城宮
②	↑山田↓	091	平城宮
③	上野国山田郡真	039	平城宮第一次大極殿
④	上野国山田郡大野郷田後里鴨部子□村輸押年魚大贄陸斤天平八年十月	019	平城京左京三条二坊八坪
⑤	山田郡米六斗	039	平城京左京二条二坊五坪
⑥	大野郷小田村里舎人部石足	033	平城京左京二条二坊五坪
⑦	大乃年料米五斗	011	長岡京
⑧	大乃	019	長岡京
⑨	大乃	091	長岡京
⑩	国山田郡	091	平城宮
⑪	大乃白米	011	長岡京左京三条二坊
⑫	山田評	033	飛鳥京苑地遺構
⑬	↑評山田里丈部	081	石神遺跡
⑭	山田五十戸国	081	石神遺跡
⑮	大野里	091	藤原宮朝堂院回廊東南

※釈文はデータベースの表記に従うが、項目等は適宜省略している。

筆者）。

a上野国・山田郡・大野郷・田後里
b鴨部子□村
c輪「押年魚」大贄陸斤
d天平八年十月

aについては、霊亀三（七一七）～天平十一（七三九）年に実施された「郷―里」制下の行政区分で、大野郷の構成要素として「田後里」が記される。他に同様の里が一～二里程度あったとみられるが、現状では知られていない。「田後（タジリ）←→田前（タサキ）」のような遺称地をご存じの方があれば、是非ご教示頂きたい。『倭名類聚抄』郷名について、上野国内の諸郡では規則的な配列が推測されており[10]、同様にみてよければ、通説のとおり渡良瀬川上流から下流に向かって、北西から南東へと配列されていた可能性はある。

bについては、「鴨部子□村」という個人名が記される。「子○○」という三文字の名前は、上野国分寺跡出土文字瓦などにも類例があり、上野国内ではありがちな命名法であったのかもしれない。

また、「鴨部」というウジ名は、中央の賀茂氏―葛城氏に関わる部民であったが[11]、恐らく山田郡内でも渡良瀬川右岸に、賀茂神社が鎮座するのと関係していた。この点を重視すれば、大野郷も渡良瀬川右岸であった可能性がある。

山田郡周辺地域の、早い段階での開発に技術的に関わったのが、ヤマト盆地内部でも南西部の勢力であったことは、中・西毛の開発に関わったのがヤマト盆地内でも東北部の勢力であったのとは対照的である。ことによると、その跡を襲った蘇我氏が関わっていたような時期もあるかもしれない。

但し、その後上毛野氏とも少なからず関わってくるような、三輪氏が進出したことを示す式内社の美和神社は、同じ渡良瀬川沿岸でも左岸地域に鎮座している。現地は南向きの斜面であるが、北側に位置する吾妻山を神体に見立てての鎮座になるだろうか。これらのことは、この地域の開発の様相が単純ではなかったことを如実に示している。[12] とくに、一方が他方を排除するというのでなく、河川を挟んで併存していることに意味があるのだろう。

cについては、大贄として「押年魚」が六斤納入されたことを記す。渡良瀬川や桐生川などで捕獲された年魚を、見た目を損なわない形で乾燥や発酵させた加工品になるだろう。この段階では、天皇への食物供献として実体を伴うものであったとみられるが、徐々に形骸化して賀茂社の御厨として転化していったものであろう。

dについては、前述のように郷里制の実施期間に収まり、夏季の八月であることから、鮮魚ではなく加工品が必要であったことを示す。

また③は、a納税者の居住地のみ知られるが、八世紀代に前述の「真（張里または郷）」が存在したことを裏づける貴重な例である。

上野国内で出土した文字資料のうち、山田郡に何らかの関係があるとすれば、公的性格のある伝路や各種の私道をとおって通行関係にあった証拠である。それには公的な契機もあったろうし、考察不能なほど私的な契機もあったろう。いずれにしても、小規模な移動が前提である。

上野国府域は、近年区画整理に伴う調査が面的に実施されているが、調査結果の正式報告までにはまだ時間がかかると思われる。そこから各郡へとつながるとみられるネットワークの全体像は不明であり、逓送・分配されたはずの文書・物品の詳細も不明である。

各郡から国府周辺に持ち込まれた物品のうち、上野国分寺跡からは文字の記された瓦[13]が多数発見されており、それらのなかには山田郡に関係するものもあった。上野国分寺跡の寺域内部は勿論、その隣接地域からも竪穴住居の竈芯材などに転用されて出土している瓦もある。これらは伽藍の廃絶後に、寺域から持ち出されたものになるだろう。また、高崎市吉井町周辺では、窯跡のような生産遺跡だけでなく、その関連集落などからも同様の瓦が多数検出されている。

記号や意味不明の一文字の事例を除くと、文字の内容によって分類が可能であるが、時期でわければ大きくは二段階になる。

Ⅰ創建段階（八世紀中葉）
Ⅱ修造段階（八世紀後半～九世紀）

Ⅰ段階は、「甘楽郡・多胡郡・緑野郡・勢多郡・佐位郡・山田郡」など、山間部を除く諸郡の関連地名が広く認められる。例外は少なくないが、特徴的なのは地域名称が、叩き板に彫り込まれたスタンプ状で表され、瓦の製作段階でつく模様の一部を構成していることである。一部に郷名とみられるものも含まれ、郡毎にまちまちな対応がなされていたことを示す。かかる状況は、隣接する武蔵国・下野国のように全ての郡が参加した、非常に整然とした体制とは大きな隔たりがある。

またⅡ段階では、八世紀後半以降に何度も出されている修造命令に対応しているらしいが、具体的にどれが実効性をもっていた政策かは判然としない。恐らく八世紀後半から九世紀代でも早い時期までの問題になるだろう。篦描きで個人名を記すものが増えるが、その所属郡は多胡郡が多い。「郷名＋個人名」で定型化するが、複数字数であっても省略によって意味不明になっているものがある。

山田郡に直接関係するのは、いずれもⅠ段階のもので、瓦の凸面を調整するための「叩き板」に彫り込まれた文字である。類例はやや多い。

・薗田

・山田（五子）

「大野・真張」以外の郷名があるが、「山田（五子）」などは、あるいは意味不明の例に含めるべきかもしれない。「広山」も類似しているが内容は不詳である。いずれも瓦窯は、笠懸窯跡群が対応しているとみられる。焼成は概ね良好で、肉厚のしっかりした瓦の凸面に遺される。「大」または「真」字の事例は多いが、二文字目が「大伴」「大家」などが知られており、必ずしも「大野」にはならない可能性がある。「真」もほぼ同様である。

上野国での創建段階の足並みの不ぞろいは、郷段階にとどまるものではなく、郡段階でもみられる。このことは、全国の国分寺のなかでも竣工時期の早かった―工事を急がされた上野国分寺に特有の現象であった可能性がある。(14) 資金面・技術面・資材の面などで、十分な準備ができなかった各郡は、好条件の報奨にもかかわらず参加をみあわせざるを得なかったのではないか。

賀茂神社を奉祭するカモ氏の集団は、国分寺の建立に代表されるような国家の仏教政策に、必ずしも賛同していなかったため、国分寺創建の資材提供に応じなかった可能性がある。郡単位の合意を構成できなかった山田郡からの文字瓦の様相は、郷単位を示すことによって、そのような地域の状況を反映していると考える。

早期に結果を出したのはよかったが、その反動で根回しに十分な時間を費やせなかった可能性のある上野国では、有力な神社や先行する有力寺院があった地域に地盤をもつ豪族などが連動しなかった結果、郡全体で協力することがなかった場合があり、郷単位となった場合もある可能性がある。郡単位に群馬郡がみられないことは、非常に象徴的なのではないか。資材等の提供の前提が、基本的に喜捨であるならば、当然のことであるかもしれない。

前述のように、賀茂神社に直接供奉する鴨部氏という構造があるのであれば、賀茂神社の所在地は鴨部氏の居住地と遠くに離れていない可能性が高く、ことによると大野郷に含まれていたかもしれない。そうであれば、渡良瀬川右岸にいくつかある賀茂神社周辺が、本来の大野郷であるかもしれないことになる。

『豊後国風土記』大野郡条によれば、「この郡の所部は、悉皆に原野なり。斯れに因りて、名づけて大野の郡と曰ふ」とある。式内社の賀茂神社周辺のイメージでは、南に茶臼山丘陵・北に渡良瀬川が迫るロケーションで、相応ではない感じもするが、丘陵上に登り大間々扇状地の頂部付近から南を望めば、それが技術的に開発可能かどうかを知らないはじめての人間には、広大な原野が広がっているように感じられるかもしれない。

なお、隣接する下野国足利郡の開発状況[15]を参考にすれば、谷戸単位の小河川を活用していたらしい。渡良瀬川規模の河川が直接使える条件や技術力がなく、従前の谷戸田開発の延長上にあって、開発規模も自ずから制約があったとみられる。

そのようにみると、この周辺では桐生川流域の谷戸が最もその条件に合致している。これが真張郷に相当するとみてよければ、山田郡四郷の配列は次のようになり、「倭名抄」の記載は渡良瀬川を挟んで左回りに記載されていることになる[16]。そこには美和神社があった。

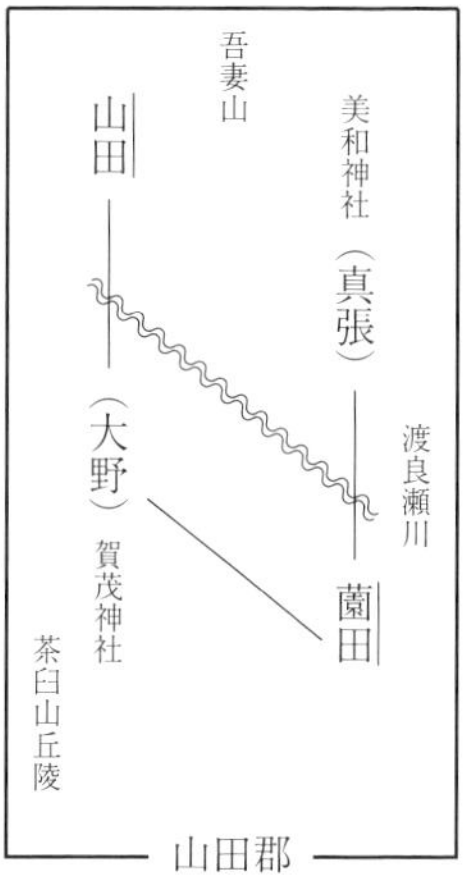

【山田郡模式図（試案）】

そのように考えてよければ、賀茂神社に供奉するカモ（鴨）部氏と同様に、美和神社に供奉するミワ（神）部氏が想定できるかもしれない。いずれにしても伝統的な宗教勢力で、それらの来歴を考えれば、根底に律令政府の国家鎮護の仏教に対する反発をもっていた可能性はある。現状では、右の模式図に関する決定的な史料は欠乏しており、多分に想像の域は出ないのであるが、そのように考えられる可能性もあるということである。

中世の桐生に関する研究は徐々に進展しているようだが、古代の姿はいまだ遠い霧の彼方にある。都市化の早かった桐生の中心市街地のプリミティヴな景観復元が、今後本格的に取り組まれなければならないだろう。加えて、今後の新たな史・資料の発見に期待したい。

四　山田郡衙

上野国内での山田郡の位置は、下野国との国境にあたり、東山道駅路上にあって、駅家こそ設置されてはいなかったが、国司交替などに際しては、重要な役割を果たした可能性がある。山田郡衙が、渡良瀬川左岸地域ではなく、右岸に想定されているのも、一連の政務に関係してのことではないか。

これまでにも予想されてきたことではあるが、近年群馬県下でも各地で「郡衙」の遺構が具体的に確認されるようになってきた[17]。古代上野国に関しては、平安時代中期の「上野国交替実録帳」の存在[18]によって、同時期の国司による地域支配の実態が具体的に知られるという特徴があった。その記述に適合する遺跡が調査されるようになってきたのである。

山田郡の西に隣接する、新田郡衙の一部である太田市天良七堂遺跡は、散発的に礎石建ちの建物が確認されてきていたが、政庁院とみられる遺構が面的に確認された。その規模は、従来知られているもののなかでは最大級の大きさであるという。東山道「駅路」と同「武蔵路」の交差点に位置するという、政治的な重要性が如実に反映しているとみられる。

また、その新田郡の西に位置する佐位郡衙の一部である伊勢崎市三軒屋遺跡では、正倉院の一つが確認され、多くの建物が検出された。非常に注目されたのは、八角形の基壇建物が検出されたことであり、これは「上野国交替実録帳」の記述と全く合致するので、逆に「上野国交替実録帳」の史料的価値をさらに高めることにもなった。

旧山田郡域に含まれる太田市北部の毛里田地区では、これ以前にも公的施設の存在を思わせる遺構・遺物が検出されてきている。近年の北関東自動車道に先立つ調査の過程で、「山田郡衙」に関する遺構が検出されることも期待されたが、今回も直接関係する遺構は検出されなかった。しかし、一般集落ではあり得ないような多数の文字資料も出土しており、調査の網の目がさらに狭まっていけば、いずれ検出されることになるであろうから、その時点に向けての事前作業を試みたい。

「上野国交替実録帳」諸郡官舎項の「山田郡」部分は、現状で判読できない部分はいくつかあるものの、目立った欠損はない。断簡状態の郡があるなかでは好条件である。煩を厭わず全部分を示せば左記のようになる。構成要素としては、一般的な建物がすべてそろう。「無実」の区分であるから、これらがすべて失われていたということになるので、この段階での政務に関して機能不全であった可能性は高い。

山田郡
　正倉：西□□□宇　第一板倉壱宇　第二板倉壱宇　南外板倉□宇　北一倉壱宇　南第一土倉壱宇　第四板倉壱宇　第七板倉壱宇
　　第六土倉壱宇　北□土倉壱宇　第五土倉壱宇　第八土倉壱宇
　廳屋壱宇：西副屋壱宇　納屋壱宇
　一舘：宿屋壱宇　向屋壱宇　厨壱宇　副屋壱宇
　二舘：宿屋壱宇　向屋壱宇　副屋壱宇　厩一宇
　三舘：宿屋壱宇　向屋壱宇　副屋壱宇　厩一宇
　四舘：宿屋壱宇　向屋壱宇　副屋壱宇　厩一宇
　厨家：備屋壱宇　納屋壱宇　竈屋壱宇　酒屋一宇　板倉東長屋壱□

①正倉―全部で一二棟の記載あり。
②廳屋―コ字が全壊している様子ではない。
③（国司）舘―一～四舘まであり。
④厨家―五棟の建物が記載される。

以下、各構成要素について詳しくみてみたい。

①については、すべての項目のなかで最も注意が払われ、材質まで明記されている。倉庫は、本来単体で存在することはなく、「正倉院」を形成していた可能性が高い。院自体がいくつか分置されていたかもしれないし、同一区画内部に適当な間隔をおいて林立していた可能性もある。東以外の方位列が示されており、方位毎に数列順に整理すれば次のようになる。

・（東）―記載なし
・西―一板・二板・□□
・南―一板・○・○・四板・○・六土・七板
　外板
・北―一・？・□土・○・○・五土・○・○・八土

「○」は、「記載がないもの＝残存しているもの」である。その場合、周知の情報は意図的に削除されている可能性がある。全容は到底うかがい知るものではないが、北列にみるように最大で八棟が並ぶとみられる。これを基準にし、ロ字型の配列と仮定すれば、「東＝八棟、西＝五棟、南＝四棟、北＝四棟」で最大三二棟以上の並びが想定され、健全なとしての当初はかなりな壮観になるだろう。残存するものが二一棟もある計算である。但し、本来東列を欠くコ字型の配列であれば、総数二四棟で半数を失っていたことになる。また、東西に長く南北が短い（西列が三～四棟程度）配列であれば、逆に残存するのが八棟程度であって、壊滅状態であったことになる。時期を考えれば、後者である可能性が高いであろう。

記載数はあくまで「無実」の列挙であるから、現存しない建物の数を示すことになる。そこから想定される全体規模は、国府所在郡である群馬郡や勢多郡などに比べると非常に小規模で、郡の等級にみあったものであった可能性は高い。

また、土倉は比較的耐久性があるので、防火対策などで採用されたはずだが、北列を中心に損壊が進んでいる。あるいは北からの季節風などの影響で、とくに痛みが早かったなどの事情があったかもしれない。

②については、長屋状の建物がロ字型ないしコ字型の配置であったとみられるが、東側の副屋は記述がなく残っていた可能性がある。しかし、東側の建物だけ残っていても政務にはならないであろう。

③については、その後の推敲を必要とする項目立てのみの機械的な記述であり、実態との距離があると思われるが、記載どおりの実態を示すもので全損である可能性もある。四等官のそれぞれに対応する形で分置されていたとみられるが、維持管理に手間がかかるため、比較的早い時期に記述の字面通り、全損状態になったとも考えられる。

④については、「備屋・納屋・竈屋・酒屋」の四種類の建物がそろうのは、他郡にほとんど例がない。恐らく施設の全容に近いものがあるだろう。厨屋に関する唯一の記載になる「板倉東長屋」は、「板倉の東にある長屋」なのか「東に長屋のある板倉」なのかははっきりしないが、建物の密集する区画を想像させる。

以上の諸施設は、ある程度の計画的配置によって集中していたとみられる。とくに舘は廳屋の近傍に集中していなければ意味がない。正倉院は、被災を避けるため分置されたはずなので、方位は列ではなく郡内の三カ所の所在地を示すものであるかもしれない。遺跡としての郡衙は、長期間にわたって存続し、地域支配に何らかの影響を与え続けた結果、何度も改築が繰り返されている場合が多い。

冒頭に記すとおり、ようやく群馬県でも郡衙遺跡が確認されるようになってきたのは慶賀にたえない。問題なのは、検出されている遺構が、面的な広がりをもつ郡衙の①どの部分が検出されているのかということである。

次に、②時間的変遷のなかで、先行するａ「ミヤケ」が転用された。ｂ豪族の居館（オホヤケ）が拡充されて「評家」になり、それが郡衙へと読み替られる場合もあった。新置の郡で、ｃ全くの新造の場合もあるかもしれない。

その郡衙も、各地の調査事例では掘立柱建物から礎石建建物や基壇建物へと整備されていく過程が知られている。区域の拡張や施設の増設を伴うような中央の政治的指示もあったはずである。

拡充されるばかりではない。「神火」などによって被災[19]し、郡司が責任を問われ、かつ施設の規模を縮小させることもあり得た。制度の改変に関わる廃絶の過程も様々であろう。律令制度の衰退に伴う全面的な廃絶以前に、徐々に内容を縮小させていったとみられる。

いずれにしても郡衙は、面的な広がりと同一地点での時系列の変化を伴う、非常に多様で複雑な内容をもつ遺跡であると考えられる。遺構そのものは廃絶時の状態を超えるものではないが、変化の画期を的確に捉えられれば、考古学の方法から地域史の詳細に接近できる可能性がある。

現状では、あくまでも一般的な理解に留まらざるを得ないが、もし郡衙に関する定点的な遺構が確認されれば、期待される出土文字資料の検出と相俟って、この周辺の地域支配に関する認識を、飛躍的に前進させられる可能性があるのである。

五　古氷の条里型土地区画

太田市北部の「古氷」地区周辺には、現地表に条里型の土地区画を遺す水田が展開していた。そしてその地下には、

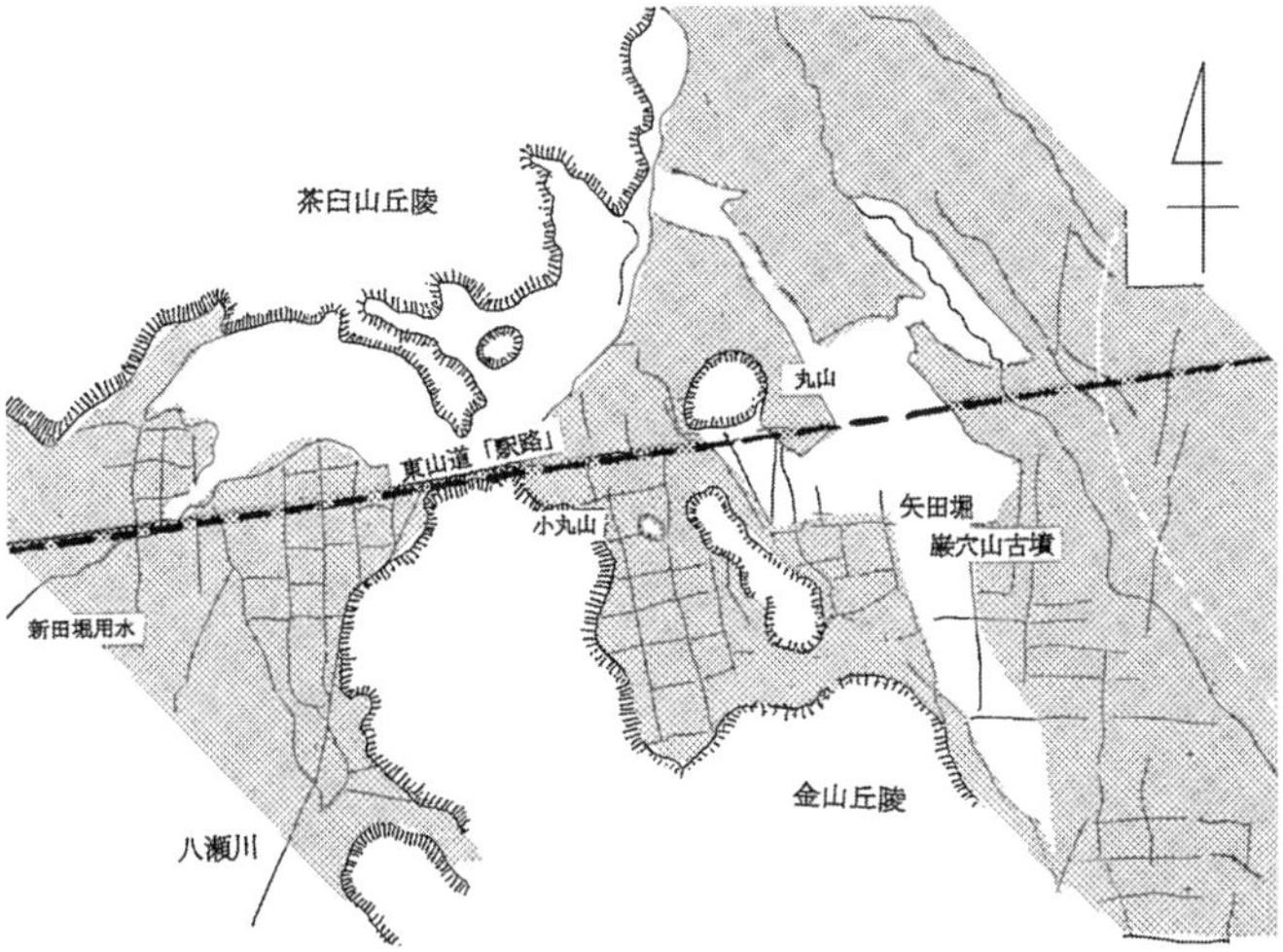

図4　「古氷」地区の条里型土地区画

浅間B軽石に被覆された条里制水田が残存していると考えられるのである。前述の（山田）郡衙推定地の隣接地域である[20]。そこしかないという、茶臼山丘陵と金山丘陵の間の隘路を通過する北関東自動車道太田桐生ＩＣの西で、渡良瀬川の氾濫源から僅かに外れた位置に地割が施行されている。その広がりは、図4に示す通りである。

周辺には、北西方向から南東方向へと流下する渡良瀬川と並行する形で、東から栗谷用水・矢場川・韮川用水・藤川用水・休泊堀などが、網の目のように流下している。これらのうち、渡良瀬川の上流から取水し、茶臼山丘陵の裾部を巻くように流下するのが新田堀用水である。そこから掛け流す形で、条里型土地区画方面に引水している。但し、現状の水系では地割りを斜行しており、その起源は新しい。南東部に所在する地名としての「矢田堀」が、実態として水路名であるなら興味深い。さらに南側にある矢部とあわせて「矢田部」になるであろうから、物部氏に関係した地名が集中していることになる[21]。

小丸山周辺の地割が、比較的整備された形になっており、東は県道三一六号線の矢田堀町付近、西は金山丘陵を挟んで上強戸町～強戸町付近にも断続的に地割がみられる。前二者は山田郡だろうが、上強戸町～強戸町付近については恐らく新田郡になるだろう。いずれも想定される東山道「駅路」が、それらのなかに含まれる形である。

条里型土地区画と東山道「駅路」との関係が問題になるが、私見ではこの道路状遺構は「阡陌」に相当すると考えるので、どの程度の時期差があったか問題だが、後者が前者を規定する場合はあったろうと思われる。[22]

三カ所の地割は、それぞれ僅かずつ方位を異にしており、とくに隣接している矢田堀地区と古氷地区との間の地割の不整合が目立つ。矢田堀地区については、渡良瀬川を中心とした河川の乱流の影響があるかもしれない。個々の区画については、変形はあまりないようである。長地型が多いようだが、例外も少なからずある。坪並の復元に結びつくような現存地名は遺されておらず、小字名の単位も数坪分に拡大している。地域全般として史料も残存しておらず、全国的な条里制研究の水準にはまだ遠い状況である。また、俗に郡衙所在地を示すとされる「古氷」であるが、出土文字資料の頻度や内容からすれば、只上町付近の方が可能性が高いようにみえる。郡衙機能の分散化に対応した現象であるかもしれない。

上野国山田郡は、河川単位でいえば渡良瀬川の上流部に位置し、その下流諸地域（新田郡・邑楽郡など）の開発にも重要な役割を果したとみられる。とくに後代「新田荘」に含まれる大間々扇状地東半部については、渡良瀬川から取水し、茶臼山丘陵を横断するような水路（新田堀用水・蛇川など）がなければ開発不可能であった。

さらに、「山田」なり「大野」なりの地名は、一定以上の開発が進行した状態を示すものであった可能性が高いなかで、上野国山田郡自体の開発とは、一体どのような性格のものであったのか。より広域な地域的実体の部分であった可能性を感じつつ、新田郡や勢多郡などにみるような、積極的開発の痕跡を探してみたいと思う。[23]

かつての職場であった農業高校の授業のために、大間々扇状地の西半部（佐位郡）の初期の開発について検討したが、さらに東半部（山田郡）に取り組む機会を与えられ、毎日扇状地上部を横断して上毛電鉄で通勤できたのは、往復一時間半のフィールドワークを毎日実施していたようなものである。フィールドとしての「毛野県」想定地域（＝上毛野山田・同邑楽、下毛野足利・同梁田）に関しては、国家創成段階の地域支配の一様式を示す可能性があるという点で、まだまだ多くの検討の余地を残しているものと思われるのである。

注

（1）周東隆一「加茂・三輪両社の上野の国山田郡鎮座についての考」（『桐生史苑』十三号、一九七四年）・同「鴨神の軌跡」（『同』二十四号・二十六号、一九八五・一九八七年）・同「山田郡大野郷と上毛野氏について」（『同』二十七号、一九八八年）。また、鈴木正信「上野国美和神社の官社化と神階奉授」（『日本古代の氏族と系譜伝承』吉川弘文館、二〇一七年）等参照。

（2）該当各地点に関する国土地理院の地形図等を参照したほか、近年の重要な成果として島方洸一編『地図で見る東日本の古代』（平凡社、二〇一二年）、大澤伸啓「栃木県足利市の条里」（『関東条里の研究』東京堂出版、二〇一五年）等に示された古代景観の復元成果を適宜参照した。

（3）松原弘宣「讃岐国中・東部の地方豪族」（『古代の地方豪族』吉川弘文館、一九八八年）。

（4）この点に関する成果も多い。さしあたり石上英一「弘福寺領讃岐国山田郡田図の伝来と研究」（高松市教育委員会『高松市太田地区周辺遺跡詳細分布調査概報』一九八七年）、同「弘福寺領讃岐国山田郡田図の分析（1）～（3）」（『弘福寺領讃岐国山田郡田図比定地域発掘調査概報Ⅰ～Ⅲ』一九八八～一九九〇年）参照。

（5）井上辰雄『正税帳の研究』（塙書房、一九六九年）、「尾張国正税帳」（林陸朗・鈴木靖民編『復元天平諸国正税帳』（現代思潮社、一九八五年）等参照。

（6）佐伯有清『新撰姓氏録の研究』本文篇（吉川弘文館、一九六二年）。

（7）たとえば、高島英之「刻書・墨書土器の動向からみた律令制下の郡間関係の一側面」（群馬県埋蔵文化財調査事業団『研究紀要』二十九号、二〇一一年）に、とくに類例の多かった「山田」・「入田」の出土文字資料の考察が行われている。
(8) たとえば、大塚徳郎「丈部・吉弥候部について」（『平安初期政治史研究』吉川弘文館、一九五三年）。
(9) たとえば岸俊男「郷里制廃止の前後」（『日本古代政治史研究』塙書房、一九五七年）。
(10) 川原秀夫「古代上野国の国府及び郡・郷に関する基礎的考察」（『ぐんま史料研究』二十三号、二〇〇五年）。
(11) 井上光貞「カモ県主の研究」（『日本古代国家の研究』岩波書店、一九六五年）。
(12) 前掲注（1）の各論考参照。
(13) 前沢和之「史跡上野国分寺跡出土の文字瓦について」（『日本歴史』四五四号、一九八六年）。
(14) 拙稿「東山道「駅路」の成立」（地方史研究協議会編『交流の地方史』雄山閣、二〇〇五年）。
(15) 日下部高明「北関東における条里研究の動向」（『条里制研究』二号、一九八六年）。
(16) 川原前掲注（10）論文。
(17) 山中敏史『古代地方官衙遺跡の研究』（塙書房、一九九四年）。また、条里制・古代都市研究会編『日本古代の郡衙遺跡』（雄山閣、二〇〇九年）には、出浦崇「三軒屋遺跡」（佐位郡衙）、小宮豪「天良七堂遺跡」（新田郡衙）の二例が収録されている。
(18) たとえば、前沢和之「「上野国交替実録帳」郡衙項についての覚書」（『群馬県史研究』七号、一九七八年）。
(19) たとえば、矢野建一「「神火」の再検討」（『史苑』三十八巻一・二号、一九七七年）。
(20) （財）群馬県埋蔵文化財調査事業団『古氷条里制水田跡・二の宮遺跡』（二〇〇八年）。
(21) 拙稿「地域支配の重層性に関する一考察」（『東国の古代氏族』岩田書院、二〇〇七年）。
(22) 拙稿前掲注（14）。
(23) 拙稿「前橋低地の開発をめぐる二・三の憶説」（『群馬歴史民俗』三十二号、二〇一一年）、同「広瀬川と荒砥川の合流点」（『武尊通信』一二六号、二〇一一年）、同「「上毛野勢多評」成立の諸前提」（『信濃』六十三巻八号、二〇一一年）等。

第三章　韓半島をめぐる対外関係と上毛野

一　日本のなかの渡来文化

周知のように『古事記』や『日本書紀』に記載されている記事の内容や、それぞれが配置されている個々の年代が、どの程度歴史的事実との整合性を保っているかについては、古来議論がある。(1)『古事記』や『日本書紀』は、八世紀前半段階になって全く新たに創作されたのではなく、多くの人材を投入した周到な準備と、内外の多くの引用・参考文献を踏まえて、長期間かけた慎重な作業によって成立していることも、詳細に明らかにされてきているとおりである。(2)

これまで筆者は、そのような膨大な研究史を踏まえつつ、上毛野及び上毛野氏に関する若干の私見を提示してきているが、(3)とくに一連の上毛野氏関連の記事は、同じ事件に関するような記載のなかでも、『日本書紀』にはあって『古事記』にはみられないという、非常に特徴的な記事がいくつもあることに留意してきた。

このことは、単純には『古事記』と『日本書紀』との前後関係に関わっており、少なくとも『古事記』の編者の価値観の射程には、個別氏族としての上毛野氏が入っていなかったことを意味すると思われる。とくに、『日本書紀』の編纂段階に上毛野君三千という人物が関与しているところが大きく、関連記事の全般に意図的に手を入れている可能性が高い。

また、一般的な氏族伝承は、ある段階から「始祖―遠祖―祖」という定型的な記載が採られるようになるが、『日本書紀』に記載される上毛野氏に関しても例外ではない。

①始祖＝豊城入彦命
②遠祖＝（倭日向武日向彦）八綱田
　彦狭嶋王・御諸別王
③祖Ⅰ＝荒田別・巫（鹿我）別
③祖Ⅱ＝上毛野君竹葉瀬・（上毛野君田道）

本文中に「始祖―遠祖―祖」を明示するのは①・②・③（Ⅰ・Ⅱ）であり、②と③との間に位置づけられる「彦狭嶋王・御諸別王」に関しては、あくまでも「豊城命之孫」であって「（上毛野君遠）祖」と明示している訳ではない。一般に『日本書紀』の記載の前後関係や、後発する『先代旧事本紀』国造本紀の記載、または『新撰姓氏録』の関連記事等の援用によって、上毛野氏の関係者として扱われている。

但し、『日本書紀』景行天皇五十六年条本文末尾の、「由是其子孫於今有東国」という記述に関しては、直前の「蝦夷」に関わる文言である可能性があり、御諸別王（及びその子孫）の上毛野地域への定着に関しては、一定以上の留保が必要であると考える。

もっとも後出する「祖Ⅱ＝上毛野君竹葉瀬」に関しては、表記上「祖」でありながら、すでに「上毛野君」姓を強く指向しており、以後の関係者はいずれも「上毛野君○○」の表記が採られている。『日本書紀』編纂段階に現存した上毛野氏の各個人について、明確な血縁に関する根拠があったとみるべきだろう。

これらとは別に本章で改めて問題にしたいのは、「③祖Ⅰ＝荒田別・巫（鹿我）別」とした存在である。この問題に関しては、かつて三品彰英氏が詳論されている[4]のであるが、ここまで「八綱田、彦狭嶋・御諸別」に関して個別に順次考察を進めるなかで、二・三気づいた点があるので、現段階での若干の私見を整理しておきたい。

二　関係史料の実態

古代の書物の多くがそうであるように、『日本書紀』の場合にも、多くの類書などから美文が採られて、当時の貴族の嗜好に適合するように、文章そのものが装飾されている。形式的な装飾以前に、個々の記述の正当性を担保するための史・資料が用いられているのはいうまでもない。問題なのは、原典が史書の場合、本来の紀年が意図的に相当動かされていることであり、慎重な史料批判が必要であることである。一連の史書のなかでも『日本書紀』に関しては、古くからの非常に大きな蓄積がある。

前述のように、『日本書紀』の記事の根拠となった史・資料には多種多様なものが知られているが、非常に特徴的なのが朝鮮半島由来の史料である。『三国史記』・『三国遺事』にみえる史料のなかでも、七世紀後半の百済の滅亡に伴って亡命した渡来人によってたらされた、百済国起源の史書も含まれるのが注意される。

「百済記」・「百済新撰」・「百済本記」の三種は、あわせて「百済三書」と呼ばれている。[5] 現状で引用の知られている箇所は、表7に整理するとおりである。多少の出入りはあるが、「百済記」→「百済新撰」→「百済本記」の順で、一応年代をカバーする形にはなっている。引用の形式は、必ずしも本文ではなく、人名表記を中心に割注の形になっている。内容的には相対的に古いようにみえるが、『日本書紀』の成立当初からあったものなのかは問題が残る。人名表記などから、必ずしも同時代ではなく、『日本書紀』編纂段階までに編集された史料であると考えられている。

注意されるのは、神功皇后紀以前の、朝鮮三国に関わる対外関係史料の内容に関して、『三国史記』・『三国遺事』等の外国史料との突きあわせによって、『日本書紀』の紀年が実年代と大幅に異なっている部分があり、同一の事実が重

表7　『日本書紀』への「百済三書」の引用

日本書紀	百済記	百済新撰	百済本記
神功四十七年～五十二年	千熊長彦による外交交渉 荒田別・巫別の「新羅」征伐（→加羅征伐）→百済の朝貢		
六十二年	一云：沙至比跪の新羅侵攻		
応神八年	百済の遣使来朝		
二十五年	百済王薨去で木羅斤資が執政		
雄略二年		注：百済との婚姻の発生（失敗）	
五年		百済軍君の来朝	
二十年	高麗、百済を滅ぼす		
武烈四年		百済朝貢、注：武寧王即位	
継体三年			百済に遣使
七年			穂積臣押山派遣→任那四県割譲
九年			注：物部連を派遣
二十五年			（百済本記より引用複数）
欽明二年			聖明王と任那復建を協議
五年			注：津守連を派遣
六年			注：百済との外交交渉継続
七年			注：高麗で大乱発生
十一年			百済に遣使
十七年			百済王子の送還に筑紫火君従侍

出したり分解されたりしていることである。

とりわけ紀年に関しては、古くに徹底した検討がなされ、『日本書紀』に採用された百済系史料に関しては、干支単位（六〇年）での意図的操作がなされたことが明らかにされている。(6)当面の問題である神功皇后四十六～五十二年条の一連の記事に関しては、とおしてみると百済が倭に対しての朝貢（国交）を開始するに至った「経緯」を伝えようとするものとなる。

「荒田別・巫別」の関係する神功皇后四十九年条は、『日本書紀』の紀年でいうと西暦二四九年（三世紀半）のこととなる。「百済記」に依拠するとされるこの記事は、干支二連（一二〇年）の繰り下げという紀年の操作に基づくと、西暦三六九年（四世紀後半）の事件を表示したものであると考えられるという。(7)これらの記事に直接後続する史料が、百済王から倭王に送られたとされ、石上神宮に現存する「七支刀（三六九年）(8)」であり、百済・新羅との抗争を伝える「好太王碑の碑文（三七二年）(9)」ということになる。

その後、高句麗の勢力伸長によって、倭の勢力は新羅（の影響下にある伽耶）方面への影響力を、大幅に後退させることになったらしい。この間に衰退・滅亡した楽浪郡・帯方郡の遺民が倭に渡来したのが、ほぼ秦氏・西文氏の祖先ということになる。(10)

しかし、神功皇后四十九年条で「千熊長彦」の外交努力の結果を俟たず、「荒田別・巫別」を「将軍」として、「新羅」征伐のために朝鮮半島に派遣したとする記事の内容は、途中で「加羅七国」の征伐にすり替わってしまい、かなり錯綜している。「加羅七国」は、本来倭と親和的であり、征伐の対象となるような地域ではなかった。そのように考えられるならば、「上毛野君祖」と明示された人びとの、この時点での具体的な功績（戦略的意義）というのは、非常に漠然としたものであったことになる。

その意味では、仁徳天皇五十三年条に配置されている、③Ⅱの「上毛野君竹葉瀬」の記事との類似性と相違点が注意される。具体的な戦闘指揮者は、竹葉瀬本人ではなく弟の田道であった。現地での綿密な情報分析の結果、弱点を衝いて新羅軍を打破し、「即虜四邑之人民以帰焉」というのも、渡来人の出入国の契機としては注意される。

右の「四邑之人民」について、『新撰姓氏録』摂津国皇別の止美連の項目に「（前略）四世孫荒田別命男（弟）、田道公被遣百済国、娶止美邑呉女、生男持君、三世孫熊次・新羅等、欽明天皇御世、参来、新羅男吉雄…」と来歴を示す。田道が百済の現地で婚姻関係を発生させ、できた子どもの四代目の子孫が日本に渡来してきたとするのである。

原則として、現在の居住地名を氏族名に採用することが多いが、百済（伽耶）での居住地名を、倭に来ても採用することが許されたことになる。現存した関係者（止美連吉雄）の直接渡来の時期は、欽明天皇の治世下だとされるので、渡来人の区分としては百済系であるが、伽耶国滅亡に伴う来日であったと考えられる。

また、『日本書紀私記』弘仁私記序に「田邊史（史）・上毛野公・池原朝臣・住吉朝臣等祖思須美・和徳両人大鷦鷯天皇御宇之時、自百済国化来。己等祖是貴国将軍上野公竹合也者（後略）」とするのも、近似した史実になるだろう。こちらは、「上野公竹合」の同時代である仁徳天皇の時代に渡来したとするので、「思須美・和徳」の二人については「四邑之人民」に含まれることになる。

但し、対新羅征討の実際の功労者であった田道は、帰国後の仁徳天皇五十五年に蝦夷征討に赴き、現地未詳の「伊寺水門」という場所で戦死してしまう。死後、蝦夷によって墓を暴かれたが、墓から大蛇が現れて毒を吐き、蝦夷が壊滅したとされる。

埋葬された墳墓（高塚古墳）を暴くということで、戦死から相当の時日が経過した設定である。わざわざ遠征してまで墓暴きはしないだろうから、田道の居住地と蝦夷との居住地の近接を想定させる。あるいは、蝦夷の領域に属し、田道が戦死した「伊寺水門」の付近に墳墓が造営されたのかもしれない(11)。

これに関係して、前橋市総社古墳群の最終末の方墳である蛇穴山古墳は、截石切組積の横口式石室奥壁中央に、とぐろをまいた蛇の図柄が追刻されている。七世紀代の築造ということで、田道の時期とは大きな年代差があるが、何者かが右の故事を敷衍して作為したものであろう。ちなみに「伊寺水門」は、現状では上総国夷隅郡付近、または東北地方の陸奥国牡鹿郡といった場所が想定されている。いずれにしても海よりの地点が示唆されるので、そうした意味でも合致しないと思われる。

三　外交関連氏族

一方、「荒田別・巫（鹿我）別」に関係する記事は、神功皇后四十六～五十二年条の一連の記事の他にも認められる。同時代史料（『日本書紀』）と、後代の編纂史料（『先代旧事本紀』国造本紀）に散見される。

・『日本書紀』応神天皇十五年条「（前略）時遣上毛野君祖荒田別・巫別於百済、仍徴王仁也（後略）」

・『先代旧事本紀』国造本紀浮田国造条「志賀高穴朝。瑞籬朝五世孫賀我別王。定賜国造」

時期的に若干後出するとしても、荒田別等が実在の人物でよければ、『日本書紀』応神天皇十五年条の紀年（五世紀前後）の時期の方が史実として採られるべきであろう。したがって、右の応神天皇十五年条に関して、①同時期の同一のできごとの別の側面であるか、または②内容追加の記事という位置づけになる。とくに②であれば、荒田別等は「加羅七国」に対する征討のほかに、王仁の探索と招聘とについても、重要な任務を帯びていた可能性があることになる。

また、「木羅斤資」という人物の含まれる部分（神功六十二年）に関しては、さらに干支一連分繰り下げて考えなければならないらしい。そうであれば、実年代は西暦四四二年のことになる。倭の五王でいう「珍」～「済」の在位頃のできごとである。

次に、「浮田国造」に関しては、当時の地名の類似からは後の陸奥国宇多郡に関係しているとみられ、国造本紀浮田国造条の記述とおりなら、「賀我別王」は本来「上毛野」関係者ではなかった可能性が高いことになる。但し、写本によっては「賀我別王」が「賀茂別王」になっているらしい。そうであれば、上毛野東部に影響を及ぼした可能性のある「葛城」氏の関係者になる。[12]『日本書紀』の構想である上毛野君氏（上毛野地域西部に居住？）との共働の可能性は高まるが、逆に陸奥国宇多郡地域との関係性は不明瞭になる。

「浮田国造」の故地であると考えられる陸奥国宇多郡に関しては、郡領級の有力者として、帯位の「上毛野陸奥公」氏の居住が知られている。八世紀後半に集中的に改賜姓された人びとであり、その旧姓は「吉彌侯部」氏であった。現状では、上毛野地域で「吉彌侯部」氏の居住の痕跡を確認することができないが、同時期の東国地域全般に広く居住が知られている氏族である。[13]

この点に関しては、上野国を含む東国が八世紀前半を中心に、陸奥国・出羽国への移民の主たる供給源とされていた。[14]多くの公民等が東国から陸奥国・出羽国へと移配されたが、時代が下るほど、徐々に内容が劣化していく様子が知られているのである。

上野国に関しては、断定はできないものの、比較的陸奥国に近かった東部地域から、集中的に「吉彌侯部」氏が移配されたのかもしれない。「浮田国造」が「賀茂別王」にはじまるのであるとすれば、それが上毛野東部地域から移住した氏族に相当する可能性があることになる。但し、現状では「吉彌侯部」氏とカモ氏との関係は知られていない。

いずれにしても、史料相互に微妙な齟齬があり、納得できる史実とは直結しない。『日本書紀』応神天皇十五年条の内容を積極的に評価するならば、この時期とくに朝鮮半島情勢への対応に、東国地域の諸豪族が動員された可能性がある。それらの本拠地は必ずしも臨海地域とはいえず、九州方面の渡航経験豊富で手慣れた諸豪族に比べて、何かと不都合が多かったのではなかろうか。

四　同時期韓半島の問題点

朝鮮半島での近年の考古学的調査の進展により、従来の「植民地史観」に囚われないような、積極的歴史像が描かれるようになって久しい(15)。かつて研究史上「任那」とされていた地域は、小地域の集積としての「大伽耶」と理解されるようになり、離合集散を繰り返す複数の政治的実体の連合として、地理的にも百済・新羅の間に挟まれる形で存続していたことが判明してきている(16)。

倭と最も親密であった「伽耶」の諸地域は、百済・新羅との対抗の必要上、やむを得ず倭と連携し、河内を中心に所在した当時の王権と、主に「鉄」素材及び「鉄製品」を媒介にした結びつきを形成したとされている(17)。遺物として古墳などに埋葬されるには、なお半世紀程度の伝世期間が見込まれ、時期的に後出することにな

・五世紀：（任那）伽耶─鉄（鉄鋌・装飾品）	葛城氏
↓	↓
・六世紀前半：百済─文物（仏教・儒教）（高句麗─文物？）	大伴氏・物部氏
↓	↓
・六世紀後半：新羅─文物（馬具・鉄鋌・装身具・武器・仏教…）	蘇我氏

る。

右のことに直接対応する上毛野のデータとしては、五世紀代とされる積石塚古墳の、高崎市長瀞西一〇号墳出土の耳飾がある。これなどは、明らかに大伽耶系の文物であるという。同墳を内包する形の長瀞西遺跡では、周辺の住居跡等に伴出する土器や馬の殉葬などから、渡来後間もない渡来人の居住が想定されている(18)。

この種の耳飾は、出雲経由で大伽耶地域との直接交渉のあった北陸方面から、長野県を経由して東日本全般に分布しており（図5）、同時期に大伽耶との交渉に従事したのが、史料的にも北陸地方の豪族であったと考えられるという(19)。

入ってくる文物の一方で、彼の地にもたらされた倭の文物もあったことにも留意される。ひところ朝鮮半島方面で「前方後円墳」の存在が注目された時期があった。それらが本当に「前方後円墳」なのかも問題であるが、その後の悉皆的な調査の結果、それらが短期間（百済の熊津期―六世紀前半）に、特定の地点（栄山江流域）に集中して築造されたこと、結果として総数はそれほど多くはないことなどが、徐々に判

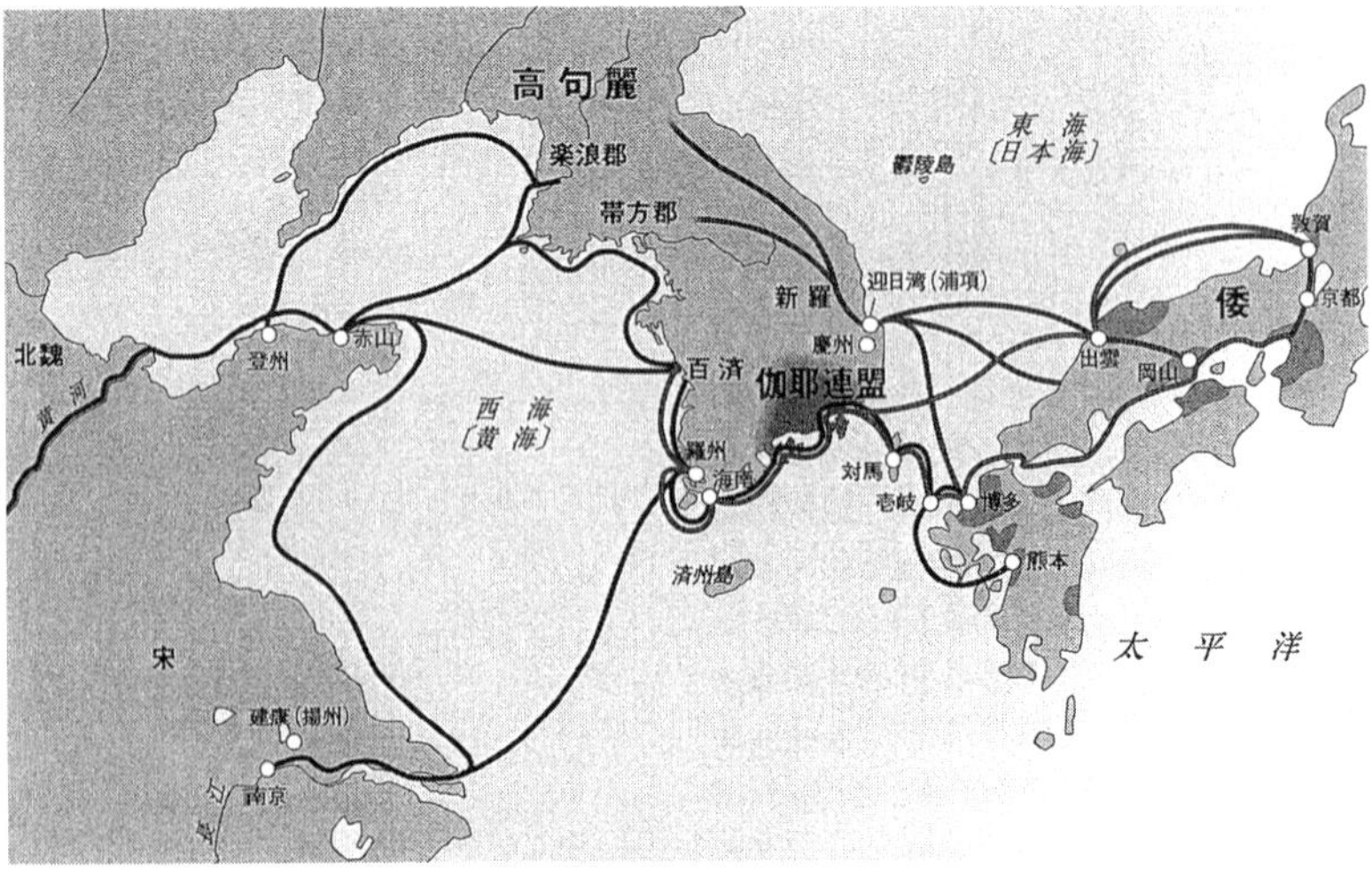

図5　伽耶の対外交易路（韓国教員大学歴史教育科編『韓国歴史地図』より転載）

明してきている[20]。

それらの被葬者たちは、大きくは①現地（伽耶）人首長とも、②倭から渡来して行った有力者ともいわれ、諸説がわかれている。地理的な問題もあり、内部構造などは、九州地方北部との強い結びつきが指摘されている[21]。現地では、「前方後円墳」築造の前提になるような集落等の遺跡等がほとんど存在せず、その後も存続した様子がみられないので、同時代の百済と伽耶との緊張関係にのみ対応する形でピンポイントに配置された、倭に縁をもつ人びとの墳墓であることは間違いない。

栄山江流域で特定の政治的意図に基づいて「前方後円墳」が築造されていた頃、倭の本国では継体天皇の時代になりつつあった[22]。それ以前の、河内を根拠地としていた王権[23]が弱体化ないし途絶し、越～近江方面を出自の地とする継体大王が、琵琶湖から淀川水系に沿って勢力を伸張していた。その政治的活動に伴う各種の混乱の影響が、東国地域の古墳時代の独自な「隆盛」にもつながっている部分があるのではないか。

継体大王は、出自の地の地理的条件もあって、どちらかといえば百済（朝鮮半島南西部）よりも新羅（同南東部）との通交を重視していた可能性がある。筑紫国造磐井の活動に示されるように、九州方面の勢力との問題を抱える継体大王は、その意味でも百済との十分な関係を構築できなかった可能性がある[24]。

一般的に倭と新羅との国交関係は、前代からの流れもあって、善隣状態になかったとされているが[25]、継体大王の時代に限っては、相互利害の一致によって、新羅との関係が最重視され、結果としてやや静穏に推移したと思われる。少なくとも政治的な通交と、社会的な流動とに関しては、区別して考えるべきかもしれない。

そのようにみた場合、同時代の上毛野地域に関して問題になるだろうと思われるのは、東国各地でも散在的に確認されている新羅系を中心とする渡来遺物である[26]。典型的には、前橋市山王二子山（金冠塚）古墳出土の「出字形金銅

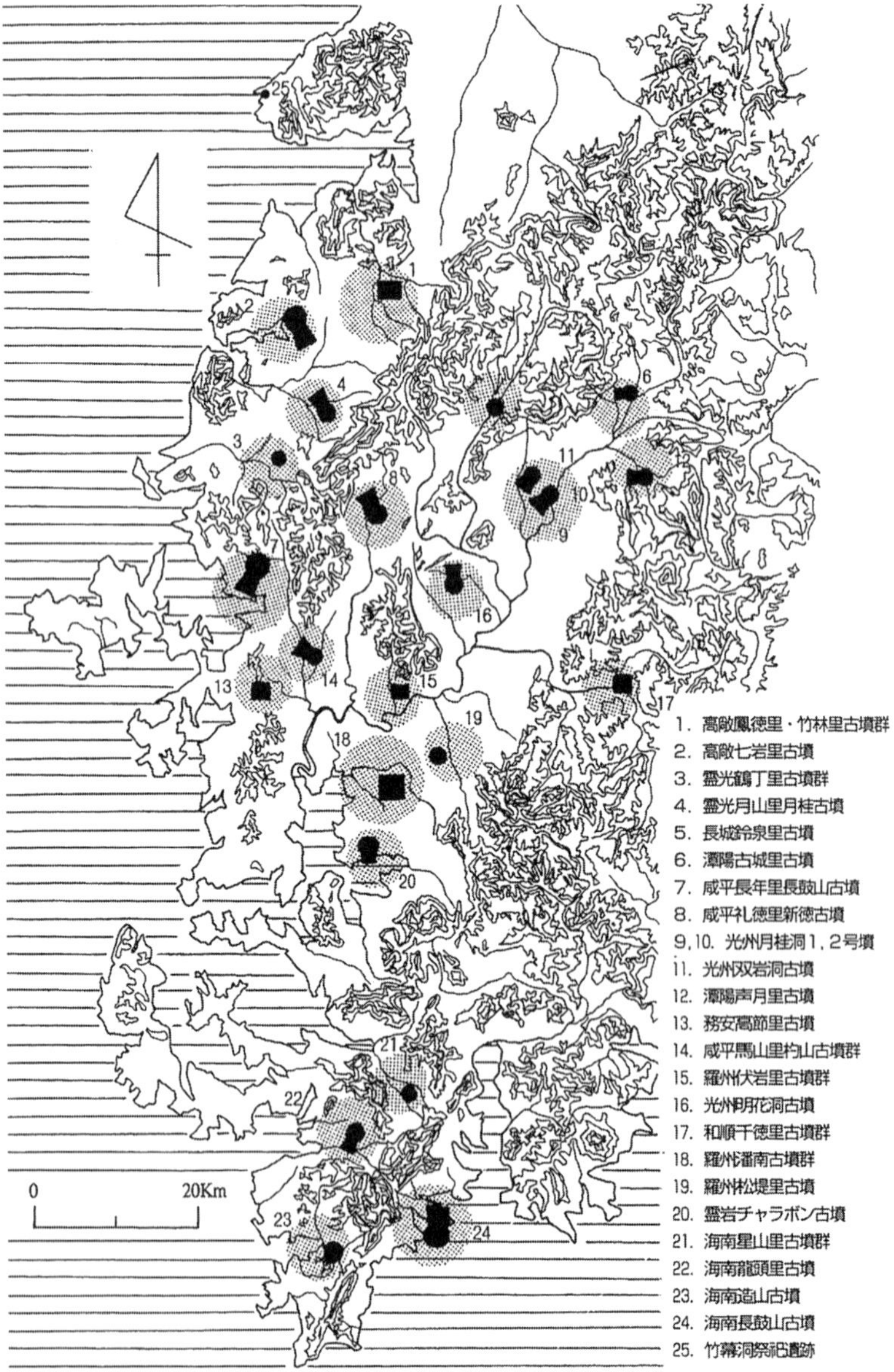

図6　栄山江流域前方後円墳と古墳の分布（朴天秀『加耶と倭』より転載）

冠」と呼ばれる遺物で、六世紀後半の特徴を示すとされ、出土した古墳の年代観とも矛盾しない。むしろ年代差がほとんどない点が、非常に注意すべき問題である。同様の類例（新羅系文物の出土品）は、群馬県内だけでも複数確認されているだろう。それらは、

①具体的な戦闘に参加して「戦利品」として持ち帰り、当事者の副葬品となったのか。そうであれば、多少の損傷を伴うであろう。

②活発な国内外の「交易」の結果、それらを入手することができたのか。絶対的頻度の少なさから、商業的な国際交易は想定しにくいだろう。

③現地から「工人」を招来して、材料を整えて製造させたのか。その場合には、各地でもっと工房などの存在が指摘されてもよいのではないか。

あるいは、それら以外の要因があったのか。いずれにしても現状では、限られた遺構・遺物の存在から、実際にはみえない「渡来人」の存在が、ずいぶんと強調されてきている印象がある。東日本を中心とする各地で確認されているような、当該期の新羅系遺物の総量は、それほど大量であるとも思われないので、適当な時期を捉えて成分を含む素材の内容の分析や、物品としての使用状況などの綿密な観察が必要になってくると思われる。

関東地方内陸部にあっては、筑紫に代表される九州地方や、出雲・若狭をはじめとする山陰〜北陸地方といった、渡来人の直接的来住が確実に予想できる地点とは、全く意味が異なるだろう。少なくとも同時代の上毛野の主要な地域勢力は、旧来の川内の勢力ではなくて、いちはやく新羅との連携を背景とした新興勢力である継体大王との関係を重視するようになってきていたとみることができるのではなかろうか。そのような「地方」の機敏な動向が、「中央」の政治過程を規定する場合もあり得たのではないか。

他方、暫定的な「中央」に位置する王権の側では、当時最新で非常に貴重な文物を分与することによって全く異なるネットワーク下にある東日本各地の諸勢力をつなぎとめようとしていたのではないか。そこには、各種の「規制」も緩めざるを得ないような政治的背景があった。さらに地域的前提には、上毛野の社会組織の大変動―榛名山二ツ岳の大規模火山災害も、新旧勢力の退転という部分で、密接に連動していたと考える(27)。

また、その存在が確実な「若狭―信濃―上野…」というルートの存在を考えると、信濃―上野間に想定される何本かの地域間交通路に関して、吾妻川流域関連のルートが非常に大きな意味をもっていた時期が確実にあることに留意しなければならない。

後代「駅路」に編入されていくような広域的交通路は、各時期を通じて固定的なものではなかったし、政治的な磁場の移動によって適宜遷移するような、非常に可塑性の高い施設であったと思われる(28)。複雑な対外関係の下で、王権に脆弱性の伴う古代にあってはなおさらであるだろう。

一般的に上毛野氏の関係者が、対外関係に密接に関係していたとされるのが、「祖」の位置づけの人びと（荒田別・竹葉瀬）の年代にみられる伝承的記事である。たしかに、五世紀前後の時期に「伽耶」を中心とする朝鮮半島南部に直接赴き、現地の政治過程に関与するような場合もあった可能性がある。

しかしそのことは、『日本書紀』舒明天皇九年中に、上毛野君形名の妻が「蝦夷」征討で挫折しかかった夫を、「汝祖等、渡蒼海跨萬里、平水表政、以威武傳於後葉」と叱咤激励したとされるにもかかわらず、長期的・永続的な政策に従事していたわけではなかった。

しかも問題なのは、『日本書紀』を中心に、その後も上毛野氏関係の記事が多数認められるが、上毛野君竹葉瀬の後になると、急激に対外関係の関与が減少することである。とどめを刺す形なのが、六六三年に大敗して終わった「白村江戦」での上毛野君稚子の動向になるだろう。その後は、一時的な問題なのかもしれないが、氏族として個人の活動が全くみられなくなるのである。仮に、奈良時代後半以降に田辺史系上毛野氏の関係者が、複数名「遣唐使」に従事したことがあるという記事を含めたとしても、上毛野氏関連の記事全般のなかでは、それほど大きな比重を占めているとはいいがたい。[29]

『日本書紀』応神天皇十五年条や、同仁徳天皇五十三年条に、自分たちの根源的な存在意義を認めて、大きな意味を付与させたかったのは、畿内近国に居住して、徐々に王権内部で影響力を行使できるようになってきていた、比較的来歴の古い伽耶～百済出自の渡来系氏族の人びとの方だったのではなかろうか。伽耶～新羅系氏族の動向も注意されるところである。

研究史上周知の事柄について、上毛野地域に引き寄せて再構成を試みた。[30] 本来上毛野を一つの終末地点とするような、東アジア世界の対外関係については、基本が「朝鮮半島↓畿内↓東国」という形でのルートに留まらない、複線的なルートが存在したとするべきだろう。

注

（1）今日的な歴史学の史料批判の出発点になっているのは、津田左右吉である。本章に直接関係しているのは、津田「百済に関する日本書紀の記載」（『津田左右吉全集』第二巻、岩波書店、一九六三年）。

（2）最も顕著な成果としては、小島憲之『日本上代文学と中国文学』上・中・下巻（塙書房、一九六二・六四・六五年）等参照。

（3）拙著『東国の古代氏族』（岩田書院、二〇〇七年）、同『古代上毛野をめぐる人びと』（岩田書院、二〇一三年）等。なお、拙稿「上毛野への「渡来人」来住について」（『群馬文化』三二四号、二〇一七年）では、本章に直結する形で、上毛野地域への具体的な「渡来人」の流入を分析している。
（4）三品彰英「荒田別・田道の伝承」（『朝鮮学報』三一号、一九六四年）。
（5）木下礼仁「日本書紀素材論への一つの試み」（『日本書紀研究』第一号、塙書房、一九六四年）、三品彰英「百済記・百済新撰・百済本紀」（『日本書紀朝鮮関係記事考証』上、吉川弘文館、一九六二年）等。
（6）津田前掲注（1）論文。
（7）その意味については田中俊明『大加耶連盟の興亡と「任那」』（吉川弘文館、一九九二年）参照。
（8）鈴木靖民「石上神宮と七支刀銘についての一試論」（坂本太郎博士頌寿記念『日本史学論集』上巻、吉川弘文館、一九八三年）。
（9）この件に関する成果も多いが、さしあたり李進熙『広開土王碑の研究』（吉川弘文館、一九七二年）。
（10）平野邦雄「今来漢人」（『大化前代社会組織の研究』（吉川弘文館、一九六九年）等。
（11）拙稿「墳墓の地」（『武尊通信』一四五号、二〇一六年）。
（12）拙著『古代上毛野の地勢と信仰』（岩田書院、二〇一三年）。
（13）たとえば、大塚徳郎『平安初期政治史研究』（吉川弘文館、一九六九年）。
（14）拙稿「律令国家の東北政策と東国」（『史苑』五〇巻二号、一九九〇年）。
（15）金錫亨『古代日朝関係史』（勁草書房、一九六九年）を端緒として、朝鮮半島の側の観点から、東アジアの古代史を再構成しようという動きがはじまった。各種の論著があるが、日本史学の立場から鈴木靖民『古代対外関係史の研究』（吉川弘文館、一九八五年）、山尾幸久『古代の日朝関係』（塙書房、一九八九年）等。また、考古学を中心とした最新に近い成果を踏まえたものに、朴天秀『加耶と倭』（講談社、二〇〇七年）等。
（16）田中俊明『大加耶連盟の興亡と「任那」』（田中前掲注（7）書）、同『古代の日本と加耶』（山川出版社、二〇〇九年）等。
（17）たとえば、鈴木靖民「加耶の鉄と倭王権についての歴史的パースペクティヴ」（門脇禎二編『日本古代国家の展開』上、思文閣出版、一九九五年）。

(18) 右島和夫・若狭徹・内山信行『古墳時代毛野の実像』（雄山閣、二〇一一年）で、両毛地域の主要な渡来系文物等が整理されている。
(19) たとえば、浅香年木「コシと近江政権」（浅香年木編『古代の地方史』4、朝倉書店、一九七八年）。
(20) 東潮「栄山江流域と慕韓」（考古学研究会編『展望考古学』一九九五年）、朴天秀「栄山江流域における前方後円墳の被葬者の出自とその性格」（『考古学研究』四九巻二号、二〇〇二年）等。
(21) 田村圓澄・小田冨士雄・山尾幸久『古代最大の内乱　磐井の乱』（大和書房、一九八五年）、山尾幸久『筑紫君磐井の戦争』（新日本出版社、一九九九年）等。
(22) この件に関する成果は非常に多いが、水谷千秋『継体天皇と古代の王権』（和泉書院、一九九九年）。
(23) 今城塚古墳の調査を踏まえて議論が深化してきている。たとえば、高槻市教育委員会編『継体天皇と今城塚古墳』（吉川弘文館、一九九七年）、水野正好編『継体天皇の時代』（吉川弘文館、二〇〇八年）等。
(24) 拙稿前掲注（11）論文。
(25) 鈴木前掲注（15）書。
(26) 右島和夫・若狭徹・内山信行『古墳時代毛野の実像』（同前掲注（18）書）で、現段階までの考古学的成果の到達点が、悉皆的に整理されている。
(27) 新井房夫編『火山灰考古学』（古今書院、一九九三年）、（財）群馬県埋蔵文化財調査事業団編『自然災害と考古学』（上毛新聞社、二〇一二年）、若狭徹『東国からみた古墳時代』（吉川弘文館、二〇一五年）等。
(28) 拙稿「東山道「駅路」の成立」（地方史研究協議会編『交流の地域史』雄山閣、二〇〇五年）。
(29) 拙稿「上毛野穎人について」（『史苑』六七巻一号、二〇〇六年）。
(30) これらの点に関わる朝鮮半島の現況に関しては、森浩一監修、東潮・田中俊明著『韓国の古代遺跡1・2』（中央公論社、一九八八・八九年）、東潮・田中俊明編『高句麗の歴史と遺跡』（中央公論社、一九九五年）等参照。

第四章　鏑川流域からみた地域情勢

一　火山災害の後

賦役令に依拠する租税制度に関係して、運搬の困難な米は「租」として徴収された現地（国）で、原則として収納・消費及び保管されることになっていた。各地に展開しつつあった乾田系の水稲耕作は、用・廃水路の掘削や一定規格の水田の造成を前提とするような各種技術・知識を前提に、ある程度の期間に及ぶ多人数の動員が必要であり、以前からあったような個別・分散的な開発では対応不可能な作業であった。それらの工事は、畿内を中心とした地域政権の政治的意思によって主導されたものと思われる。古代上毛野に関しても、各種条件の許す場所のみに条里型土地区画の水田が造成されたのである。

そのような全般的状況下にあっても、緑野郡西部域を含む鏑川流域（甘楽郡・多胡郡）の水田には、稠密な条里型土地区画が施されていた（図7）。その状況は、上毛野地域全体のなかでも特異な様相を示すといえるだろう。常識的には、各種の条件が具備されていたことを示すが、単なる偶然とはいえない部分が多いようである。上毛野地域全般に亘って、六世紀代に想定されている二度の榛名山二ツ岳の火山災害との関係性のなかで、鏑川流域の条里型土地区

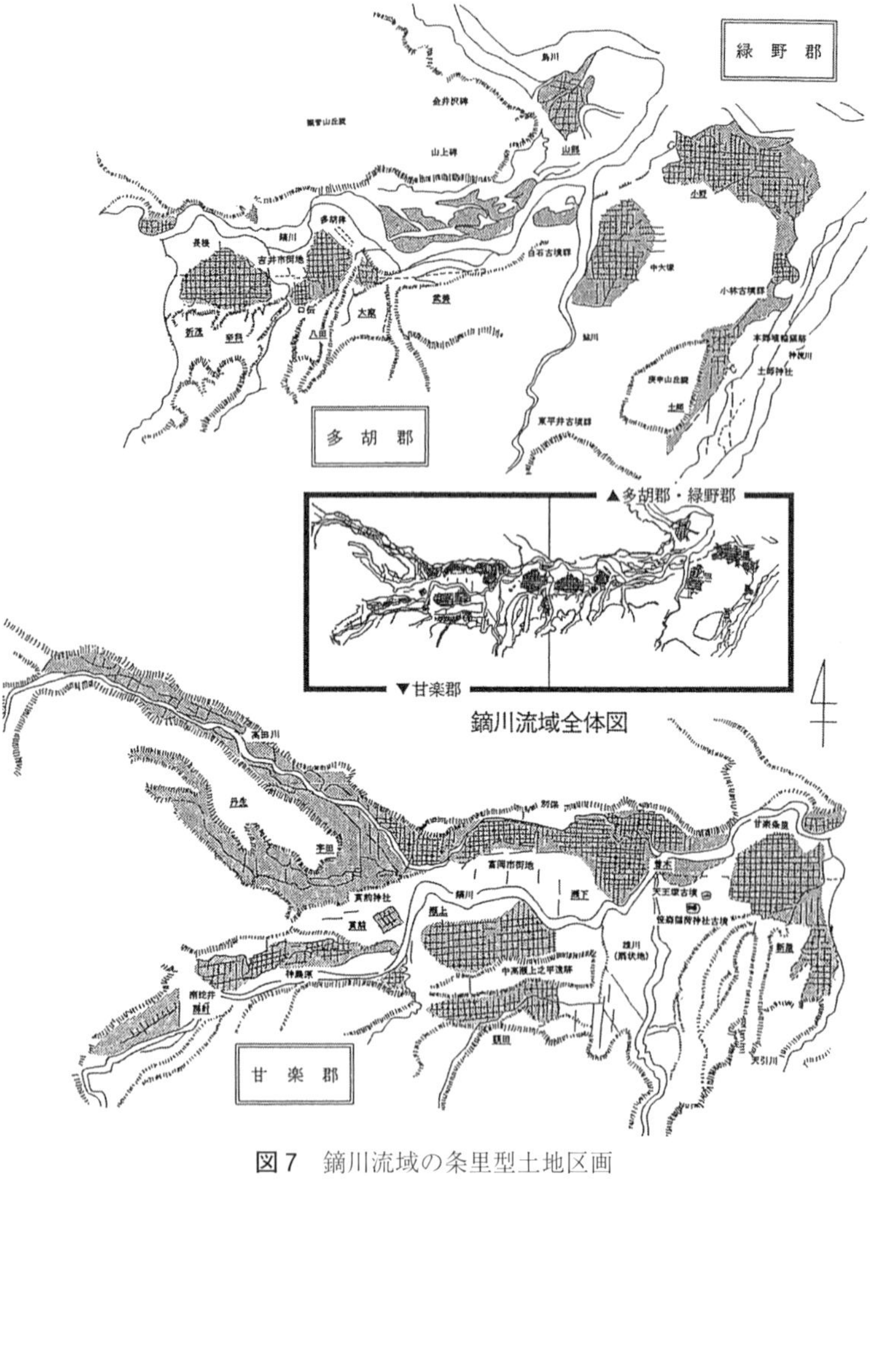

図7　鏑川流域の条里型土地区画

画の分布の意味について再評価し、改めて同時代の上毛野における地域社会の組成を復元してみたい(1)。

二　鏑川流域の歴史的位置

鏑川流域は、高崎市南部で烏川に合流するまでの間で、行政区分としては上流部分が甘楽郡、下流部分が多胡郡を主として一部に緑野郡（東南）・片岡郡（北東）を含んでいたとみられる。七世紀後半の「評」制施行段階以降、烏川との合流部分を除き、本来はほぼ甘楽郡で占められていた可能性が高い（→広域「甘良評」(2)）。

上毛野地域全般にあっては、六世紀代の二度にわたる榛名山二ッ岳による火山災害の被害からの復旧が非常に重要な課題であった。しかし、問題の火山災害に伴う火山噴出物は、偏西風の影響で以東の地域に大半が降り注ぎ、同時代の地表を覆い尽くした。噴火以前に噴出していた有害なガスや、噴火後の天候不順に伴う多雨や洪水・土砂崩れなどが、被害の状況をより深刻なものとしたことは、広範囲に及ぶ各地点の遺跡調査の内容などによく示されている(3)。少なくとも、復旧不能な場所の生活の痕跡が、今日遺跡として残されているのである。その数少ない埒外の地域が、火山噴火の風上に位置した鏑川流域地域であった。

古代の上毛野地域にあって鏑川流域は、西端が西側に隣接するシナ野のなかでも、佐久地域を経由してとくにスワ地域に連絡の便宜がある地点であった。その一方で東端は、ムサシ方面からの利根川水系による水運の「津」が設置される適地を占めていた(4)。地方への律令制度の貫徹が目指された八世紀初頭段階に、鏑川流域の谷口を抑える形で多胡郡が設置されたことは、きわめて高度な政策的判断に基づくものであったろう。

七世紀代の甘良評は、恐らく北が碓日評・南が緑野評・東が片岡評に囲まれ、上毛野地域最大の行政区分（評）で

表8　「和名抄」の鏑川流域と隣接地域の構成郡郷

郡名	構成郷名	備考
甘楽	貫前・酒甘・丹生・那非・湍上・湍下・有只・那射・額部・新屋・小野・抜鉾	広域「甘良評」十六里
多胡	山字（部→片岡）・織裳・辛科・大家・武美（→緑野）・俘囚・八田	
緑野	林原・小野・升茂・高足・佐味・大前・尾張・保美・土師・俘囚・山高（・武美）	十二里＝緑野屯倉
片岡	若田・多胡・高渠・佐没・長野（・山部）	六里
碓氷	飽馬・石馬（・坂本→後補?）（・磯部→甘良評?）・石井・野後・駅家・俘囚	

※傍線は、本来的な構成郷名ではなく注記の可能性がある。

あった。上毛野地域の中心地とみなされ、国府の建設が進んでいたはずの車（群馬）評との大・小関係は微妙であるが、少なくとも構成里数の上では拮抗する規模を保っていたと考えられる。

広域「甘楽郡」の本来的な規模やその政治的位置の縮小に関して、和銅四年（七一一）の多胡郡設置に関する里数の減少は非常に大きな変動であるが、その前後にも政治的位置の縮小に関する現象を看取できる。まず第一に、生活用具たる土器などの考古資料からみると、甘良評の文化圏は碓氷川を自然境界とし、その右岸に属する「碓氷郡磯部郷」は、本来「碓日評」ではなく「甘良評」に所属していた可能性があるという。政治的な意図によって強制的に鏑川流域から碓氷川流域に編成替えされたとみられるのである。

同様に「碓氷郡坂本郷」は、東山道「駅路」の成立に密接に関係した地点であり、遺跡分布の状況などからは「駅路」成立以前には存在したかどうかも怪しい場所である。東西に長く延びる碓氷郡内の「駅路」には、「坂本郷」と「野後郷」との二カ所に「駅家」があったとみられるので、「坂本郷」の成立とルートの確定に相関関係があった。上野国西半部でそれを領導したのは、地域の最有力氏族であった石上部君（→上毛野坂本公（→朝臣））氏であった。同様に東部地域で活動していたのは佐位郡周辺に勢力をもっていた檜前部君（↓上毛野佐位朝臣）氏であり、国府を中継点とした上野国内の「駅路」の連結は、両者の連携にこそ重要な意味があった可能性がある。[5]

「和名抄」で「俘囚」の居住を示すとみられる注記は、多胡郡・緑野郡・碓氷郡に限られる。俘囚の配置は、『延喜式』等の記述により、東日本を中心に全国的に実施されたことが知られるが、[6]「俘囚」の注記とみられる事例が、上野国西部のように集中する地点は他に認められないし、それが甘楽郡を包囲する形に配置されているのにも政治的な意図があるようにみえる。その後の社会情勢を考慮すれば、俘囚の受け入れは各地域にとって歓迎される性格のものではなかった。

このようにして甘楽郡の地域における相対的地位が徐々に低落したことは、その対極として「国府」所在郡であった群馬郡（↑車評）の優位性を惹起した可能性がある。七世紀代を通じて火山災害からの復興に従事してきた群馬郡地域は、所属里数や田積量、情報伝達の前提となる交通路など、全ての項目で上野国内最大の地域的実体へと昇華することになった。このことは、地域内部の主体的意思によるというよりも、律令国家の政治的意思の地域における発現と理解できるのではなかろうか。それらの現象は、中央勢力の政治的な退転と地方勢力とのミスマッチが主因になっていると考える。

地域に関して問題なのは、その後の地域勢力間をめぐっての政治運営になるであろう。中央から派遣された各国司の苦闘の痕跡を、絶対数の不足している史料の行間から読み取るのはかなり困難な作業である。[7]平安時代でもかなり下った時期の問題になるだろうが、鏑川流域の深部に鎮座する「貫前神社」が「一宮」に指定されているのも、そのような調整機能が働いての結果であると考えられるのではなかろうか。[8]「一宮」が国府から最も遠い位置にあるという不都合を、そのように理解しておきたい。

三　条里型土地区画の分布

近年、各地で条里型土地区画に伴う地下遺構の調査事例が蓄積され(9)、その本格的造営は従来いわれていたような大化改新（七世紀中葉）とか律令制度の本格的実施（八世紀）といった時期の問題ではなくて八世紀後半～九世紀にかけてに実施されたと考えられるようになってきた。鏑川流域に関しても例外ではないだろう。

鏑川流域の条里型土地区画は、下位段丘面を中心にほぼ全面的に展開している(10)。榛名山東南麓や、太田市南部の平坦地に造成されていた広域的な条里地割とは趣きが相当異なるが、地形的制約の大きな場所に悉皆的に方格地割の施行を貫徹しようという非常に強い意志を感じる。

1　甘楽郡の条里型土地区画

以下、鏑川上流（西→東）から順次概観を試みたい（図7参照）。鏑川流域は、「和名抄」郷名の遺称地と考えられる場所が多く、古墳時代中期以前の首長墓はやや低調だが、後期の群集墳は各地点に爆発的に築造され、対応する集落遺跡の密度も稠密である。近年まで開発行為の手が及ばなかったためか、古代的な景観がよく残されていると考えられてきた。

比較的コンパクトにまとまった流域地域西端は、甘楽郡に属する鏑川左岸の神成・神農原地区の地割であり、やや幅の狭い斜行する平坦地にみられる。南北方向は正方位に近い形で設定されているが、東西方向は鏑川の流路の制約を受けて斜行するので、全体としては不完全な菱形を示している。中間点南寄りの南蛇井が「和名抄」の「那射」の遺称地と考えられている。神農原地区北側の丘陵地上に抜鉾神社があり、「和名抄」の「抜鉾」の遺称地との関連が考えられる。

上野国一宮である貫前神社のある丘陵付近も「和名抄」郷名に関係がある。鎮座地北側の低地を中心に「犬飼（橋）」や「御田（ノ頭）」等ミヤケ関連とみられる地名が所在し、同じく南側には古墳時代の豪族居館とされる「元宿郷土遺跡」が所在する。一宮古墳群には、首長墓としての前方後円墳を含む顕著な遺跡である。

富岡市街地の北東で鏑川支流の高田川が分岐し、西北方に位置する妙義神社付近まで幅の狭い平地が連続する。併行する丘陵上の平坦地は、碓氷川方面への連絡路の機能を果たしている。もしあり得るとすれば「伝路」の所在が推定される。高田川の流路が貫前神社付近から北に斜行する形になるが、貫前神社の北西方向に「和名抄」郷名の「宇田」「丹生」の遺称地がある。貫前神社付近の水田では、南北方向の正方位の地割が遺るが、高田川を遡及すると河川に直交する形の畦畔に変化する。行政区分の分岐などが関係している可能性がある。

富岡市街地の北で蛇行する高田川の両岸に精美な条里型土地区画が広がっている。鏑川との間は微高地となって集落や古墳群などが展開している。その微高地上に「和名抄」の「瀬上」・「瀬下」・「曽木」などの遺称地が連なる。「曽木（＝蘇宜）」には同名の神社が現存し、その東側に顕著な「祭祀」遺跡もあり、注意される。また、小字名で「九田（＝公田）」とする事例があり、国衙領の設定の痕跡である可能性がある。

富岡市街地の南の鏑川右岸にも、菱形の方格地割の卓越する水田が広がっている。丘陵地東端に所在する「内匠」の地名は、中央官司に附属する所領関係の地名である可能性がある。さらに丘陵地を挟んで南側にも、やや明瞭さに欠ける部分があるが方格地割が遺る。同所の「額部」は「和名抄」の直接の遺称地ではないらしいが、何らかの関連を推測させる。右の丘陵上には、時期によって三角縁神獣鏡の出土が知られる五箇茶臼山古墳にはじまる古墳群や、

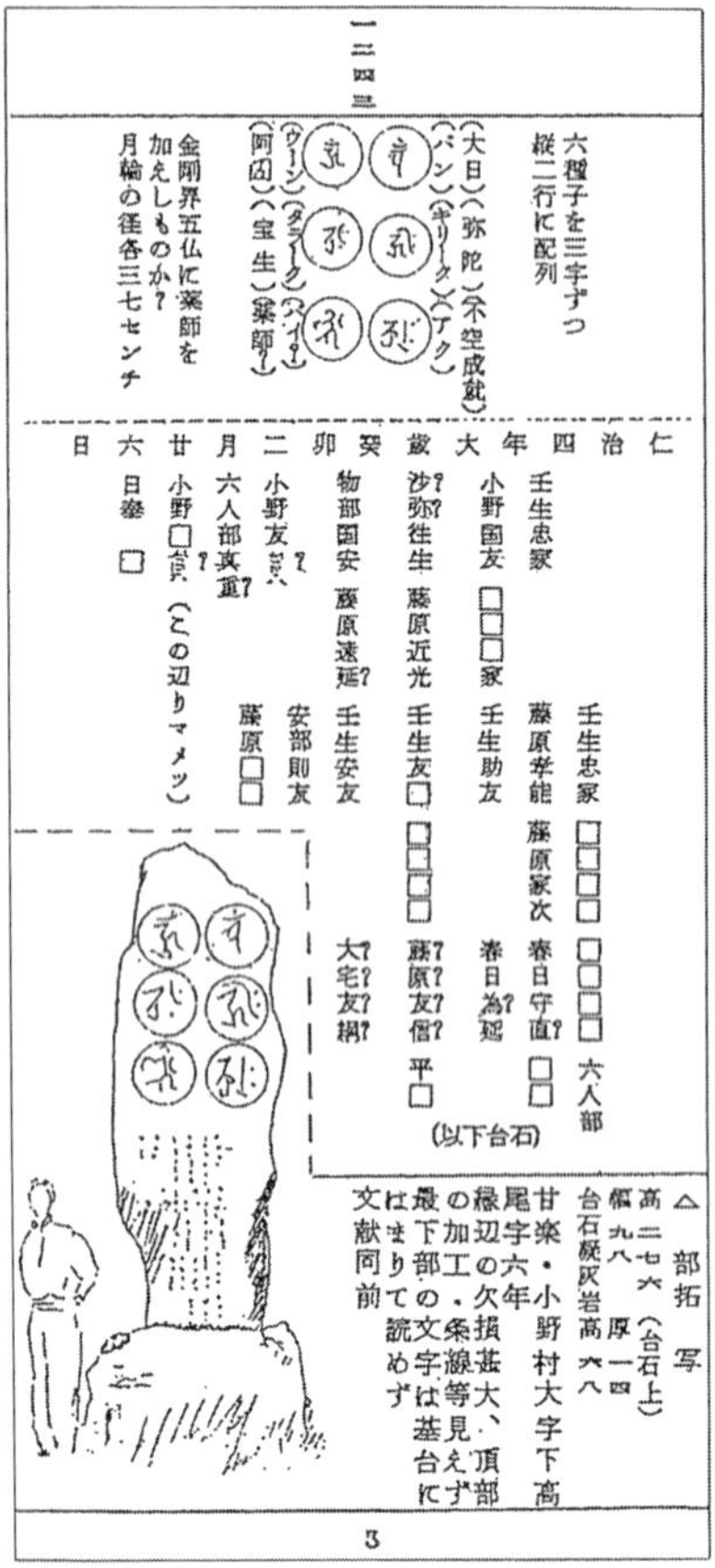

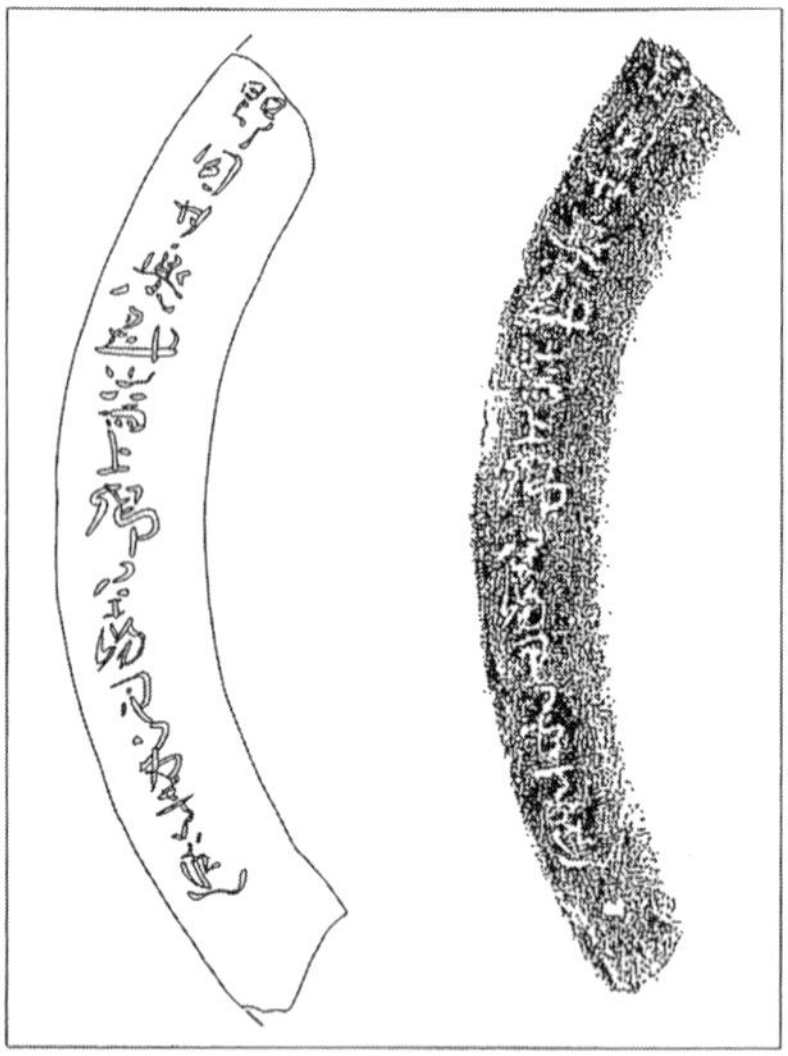

中高瀬上之平遺跡出土の刻書土器
（同調査報告書より作成）

左・仁治四年(1243)の板碑
（千々和実『上野国板碑集録』より）

図8　仁治四年の板碑・中高瀬上之平遺跡出土の刻書土器

集落遺跡が展開している。後者に属する「中高瀬上之原遺跡」[13]では、祈雨に関係する「龍王…」木簡や住居跡を中心に「生（王）＝壬生」を示すとみられる墨書土器が複数検出されているほか、頚部に「（甘）楽郡高端郷戸主物部□麻呂」と焼成前に刻字した長甕が検出されていて注目される（図8上）。

右の隣接地で鏑川右岸の水田が途切れる部分は、南流する雄川の小規模な扇状地で、北端近くに鏑川流域で最大級の前方後円墳で、最有力な首長墓と目される天王塚古墳と笹森稲荷神社古墳とが所在する。前者が竪穴式の主体部を内蔵する五世紀頃の築造、後者が比較的古い横穴式石室を内蔵する六世紀頃の築造が想定されている。

国衙領に属する「別（符の）保」に関係する可能性のある「別保」から北に延びる地溝があり、そこには北部の片岡郡・群馬郡方面への交通路が通じていた。同じ甘楽郡ではあるが、鏑川流域とはいえないような樹枝状の丘陵地が展開する場所に、「和名抄」の「小野」の遺称地などがある。そこでとくに注意されるのが「仁治の碑」[14]と称する古い異形の板碑の存在である（図8左）。鏑川流域の河岸段丘上を縦断する推定「鎌倉街道」の路傍で笹森稲荷神社近傍にも、同時期とみられる同型の大型板碑があるが、銘文がないので時期の特定はできない。仁治四年（一二四三）の紀年が確認できるので、厳密には中世初頭の所産であるが、古代末期の近隣地域の社会構成を彷彿とさせるものがある。

河岸段丘上に、「和名抄」の「新屋」の遺称地が遺る福島地区の水田部分には、最近まで条里型土地区画がよく残り、「甘楽条里遺跡」として数次に及ぶ発掘調査が実施されている（図9・10）。天引川左岸の狭い平地部分にまで徹底して地割が施工されているのが象徴的である。地点的には天王塚古墳と笹森稲荷神社古墳の北東に隣接する場所であり、それらの直接的な勢力基盤となっていた可能性もある。

随所で実施された「甘楽条里遺跡」の調査では、鍵層となっている浅間山火山灰の残りが悪く、条里制に直結するような畦畔の確認は困難をきわめたらしい。しかし、現在「地割」が認められるような場所でも住居跡が確認されたりして、土地利用の状況がかなり複雑であったことが改めて判明した[15]。

方格地割の遺存の割に、坪並等に由来するような地名が残存しないのはこの地点でも同様である。この地点に関する特徴としては、畦畔・水路等に関する微妙な方位の違いによって、いくつかの単位にわかれるという。主として施工時期の違いに由来するとみられる四つのブロックがあるらしい（図10）が、「陌」によるとみられる東西に長い事例（【1】・【2】）が先行し、それらを補完する形で周辺地域（【3】・【4】）が付加される[16]。こうした工事の実態は、当初

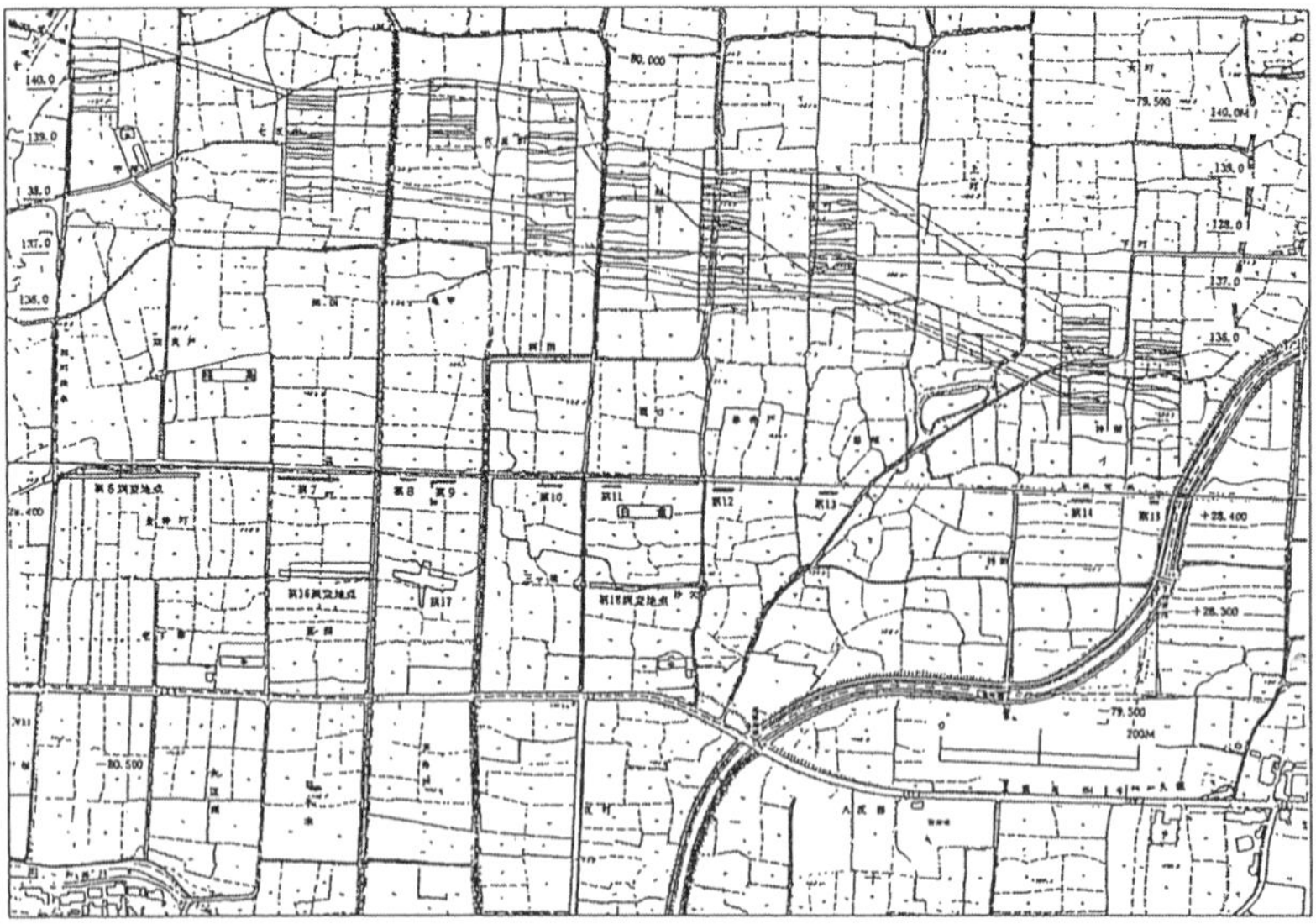

甘楽条里遺跡の現地表と土層

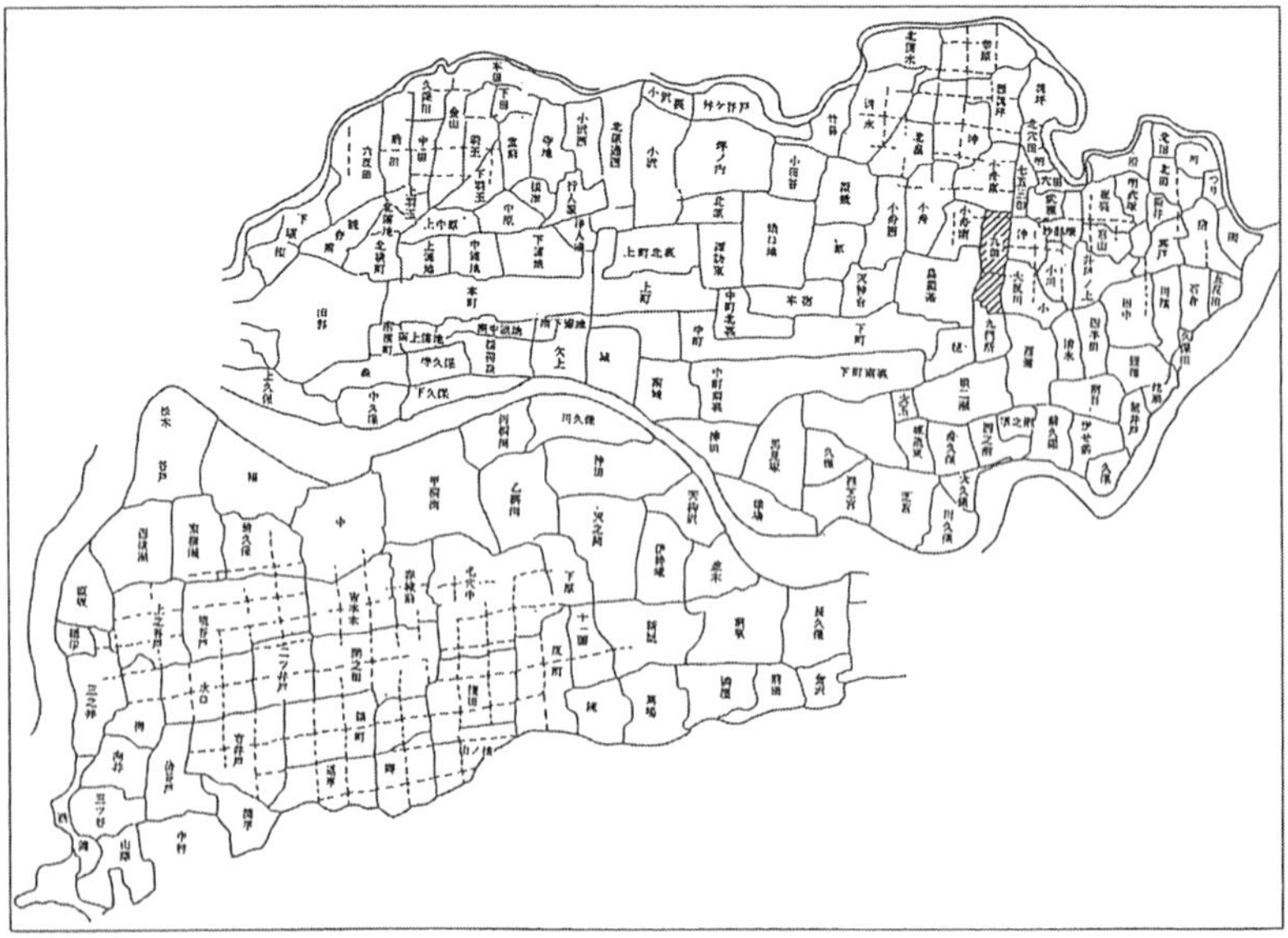

富岡市街地の大字と方格地割

図 9　上：甘楽条里遺跡の現地表と土層・下：富岡市街地の大字と方格地割

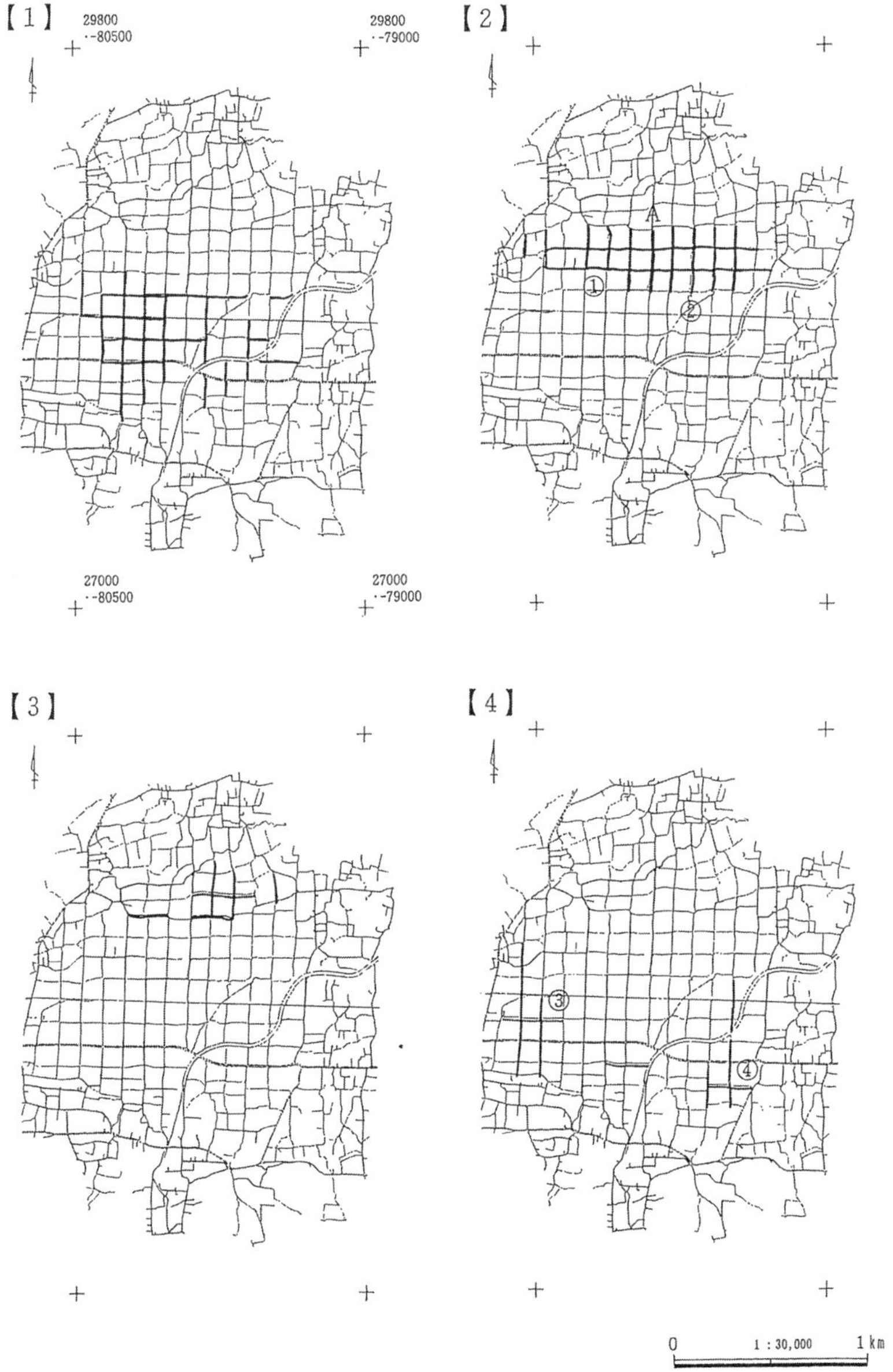

図 10　甘楽条里遺跡の施工単位（群馬県埋蔵文化財調査事業団『甘楽条里遺跡（大山地区）・福島椿森遺跡』（2000）より転載）

のものと同じかどうか問題があるが、広域の地割設定に関して参考になる部分がある。

少なくともこの部分をみる限り、水面まで比高差のある鏑川（西方）から、大がかりな水路を掘削して取水するのではなく、段丘面を開析して北流する小河川の水を掛け流すような形で利用する水利形態が看取できる。東西方向に展開している類似の地形条件の地点に関して参考になる部分がある。造成工事中にも年々の租税を確保するために、工区の設定は基本的に用水の流下を妨げない下流方面から実施されたとみられる。和銅四年（七一一）の多胡郡設置は、カムラ郡（鏑川水系）とクルマ（またはカタオカ、烏川水系）両郡にとっての最も下流に位置し、条里型土地区画を基本とした政策の具体化にあたって、両方向の地域に対する工事の起点として、非常に好都合な地点を占めていたことにも留意すべきであろう。

なお、甘楽郡新屋郷に直接関係する重要史料としては、役務等に従事して居住する都市（平城京）での生活を維持するための「仕送り」に相当する「養銭」に付された付札になる「平城宮跡出土木簡」に、「上戸」として「宗宜部猪万呂」なる人物の居住が知られている。現存する同時代の戸籍類を通覧しても「上戸」は少数で、郡領級の氏族関係者であった可能性がある。先述の祭祀遺跡や首長墓の様相からは、相互の関連は勿論、地域内部でソガ部氏が相対的に新来の勢力であった可能性を確認することはできない。

2　多胡郡の条里型土地区画

南から北に向かって流下し、鏑川に合流する天引川が自然境界となって、以東が多胡郡域となる。天引川の右岸の水田は地元で「長根田圃」と呼ばれる鏑川流域では最もまとまった面積の水田になる。比較的古い段階で圃場整備が実施されてしまい、現在では全く条里型土地区画が残っていないが、かつては「甘楽条里」と同様の地割が残されて

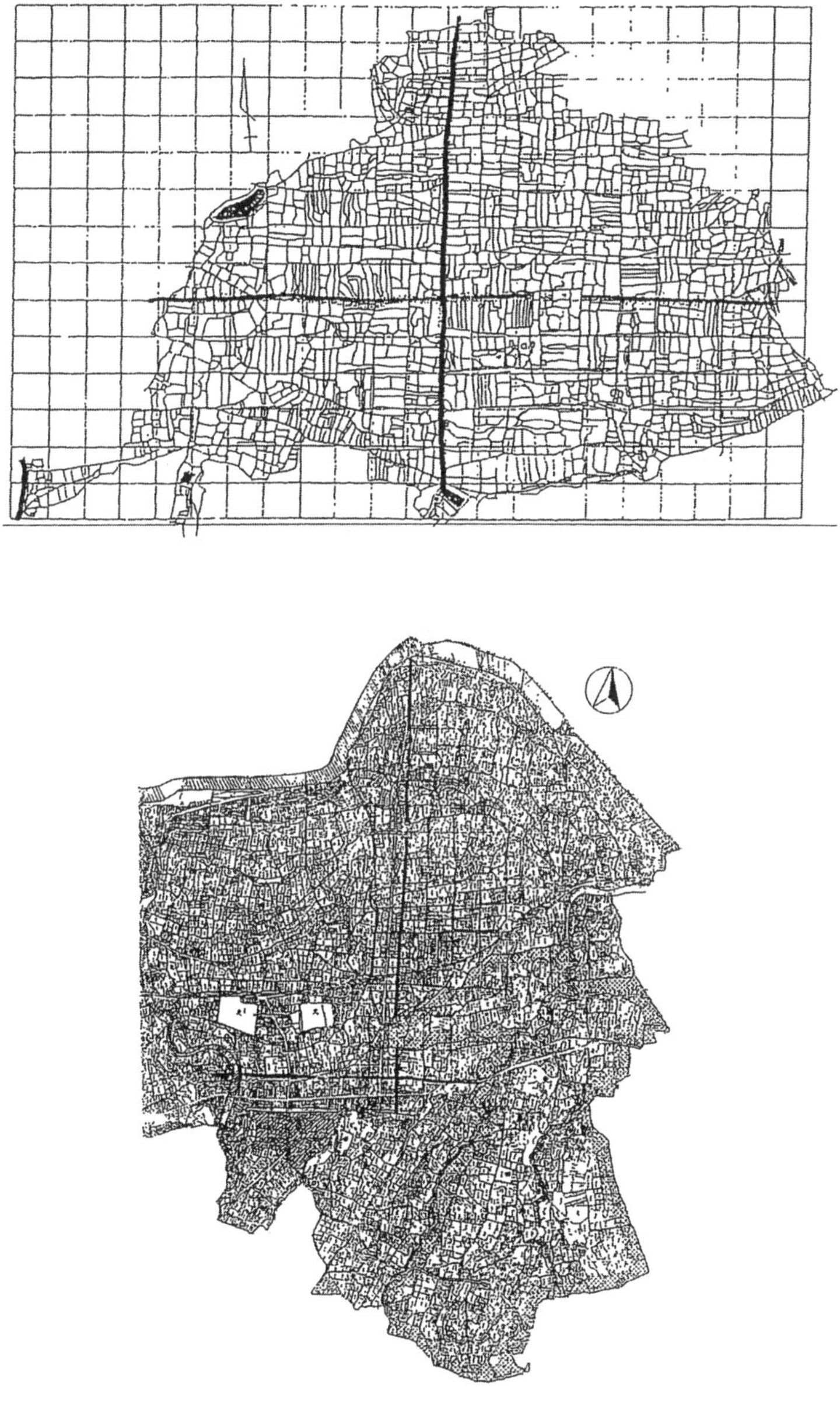

図 11　「長根田圃」の地割・吉井町市街地東部の地割

いた（図11）。

水田面の上位の段丘上には集落遺跡が展開しているが、西から「折茂」・「辛科（神社）」が並び、大沢川を挟んで「矢田」の遺称地が残る。「長根田圃」は「織裳郷」・「韓級郷」に対応するものであろう。「八田郷」には、直接には後述の市街地東側の水田が対応するとみられるが、「大家郷」も隣接してあり、班田にあてるべき水田は不足している可能性がある。

大沢川の右岸の吉井町の市街地北側にも、かつては条里型土地区画が施行されていた。かつての水路や畦畔は、市街地のなかの道路施設の区画などに僅かに投影されている。通説では「大家郷」の想定地になるが、遺称地などは全く残されていない。多胡郡衙が設置されていたとすればこの付近になるとみられるが、ある程度の施設が展開していたとすれば、水田域は現在よりもさらに制約された形であった可能性がある。なお、市街地南の川地区には、かつて小字名として「口伝（＝公田）」が所在した。条里型水田との関係性は薄いようだが、富岡市の「九田」と同様に、かつて国衙領としての「公田」が設定されていた名残が転訛（てんか）した場所なのではなかろうか。

かつての「緑野郡武美里」は、藤岡市の鮎川左岸の段丘地を中心に所在していたと思われる。吉井町石神に所在する大武神社は、「大家郷」と「武美郷」との境界に建てられたと伝承される。いずれも直接の遺称地はないが、右の伝承を信じるならば、土合川の開析する谷地を挟んで西が「大家郷」・東が「武美郷」ということになる。鏑川左岸に水田可耕地は広がっているが、右岸にはそのような余地は全くない。鏑川の自然境界を越えて班田が実施されていた可能性はあるだろう。

高崎市山名町周辺は、本来「片岡郡山部里」であった。平安後期以降の新田氏の一族である山名氏の名字の地であるが、桓武天皇への避諱（山部王）の関係で、表記上は「山部→山（字）＝山名」のように変遷している。地元では「ヤマナ」であるが、『続日本紀』以下の国史では「山」で統一される傾向にある。

この地点で注目されるのは、時期差のある「山上碑（図12）」と「金井沢碑（図13）」とが、本来の場所であるか確証はないものの、いずれも丘陵上の目立たない場所ではあるがその範囲内に相次いで建てられたことである。とくに山上碑は、隣接して終末期古墳（山上古墳・山上西古墳）が所在し、現在までのところ「墓碑」の性格が想定されている[17]。丘陵上なのでここまで顕著な開発が及んでいないため、現状では未確認であるが、近隣に高塚古墳以外の埋葬施設が所在する可能性があるだろう。著名な「上野三碑」も多胡郡域に収まる形で所在することが注目されるが、むしろ「山上碑」と「金井沢碑」とが「多胡郡山部郷」の範囲に並立することの方により注意するべきだろう。

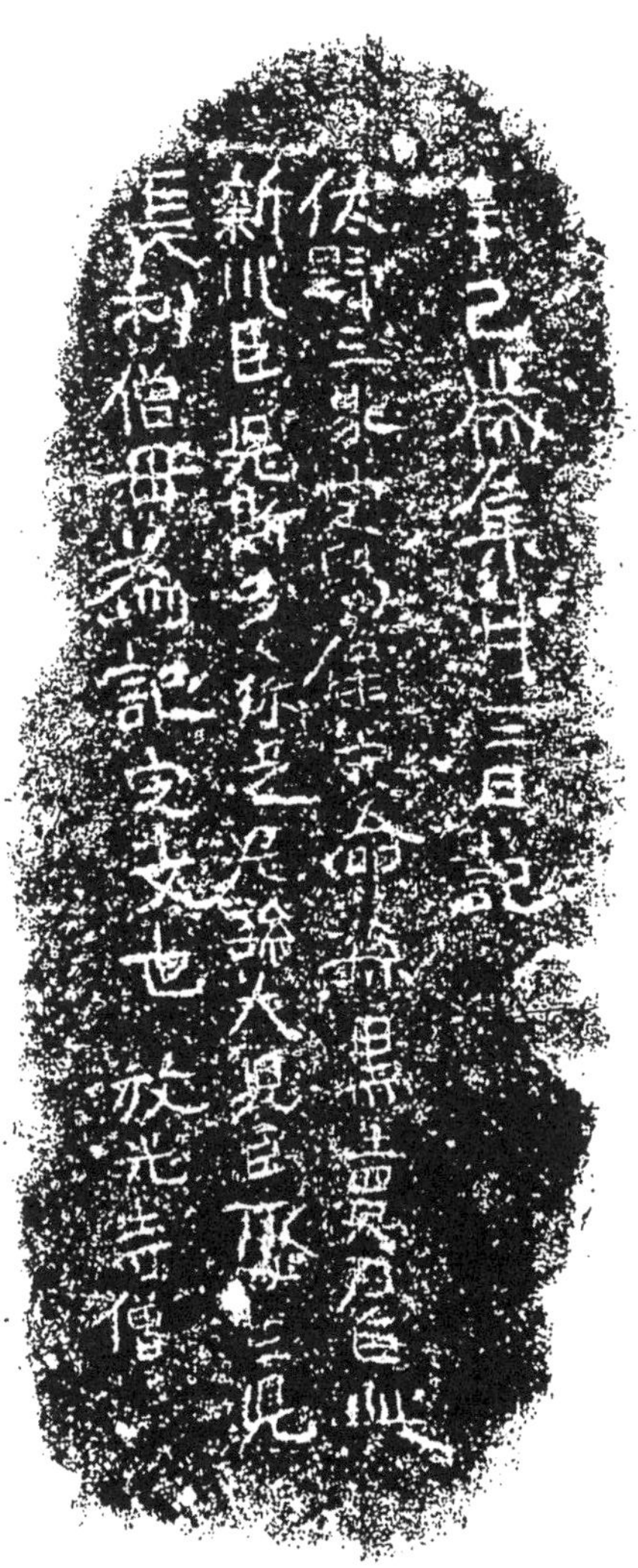

図 12　「山上碑」拓影（狩谷棭斎著・山田孝雄編『古京遺文』勉誠社出版部、1968 年より転載。以下同じ）

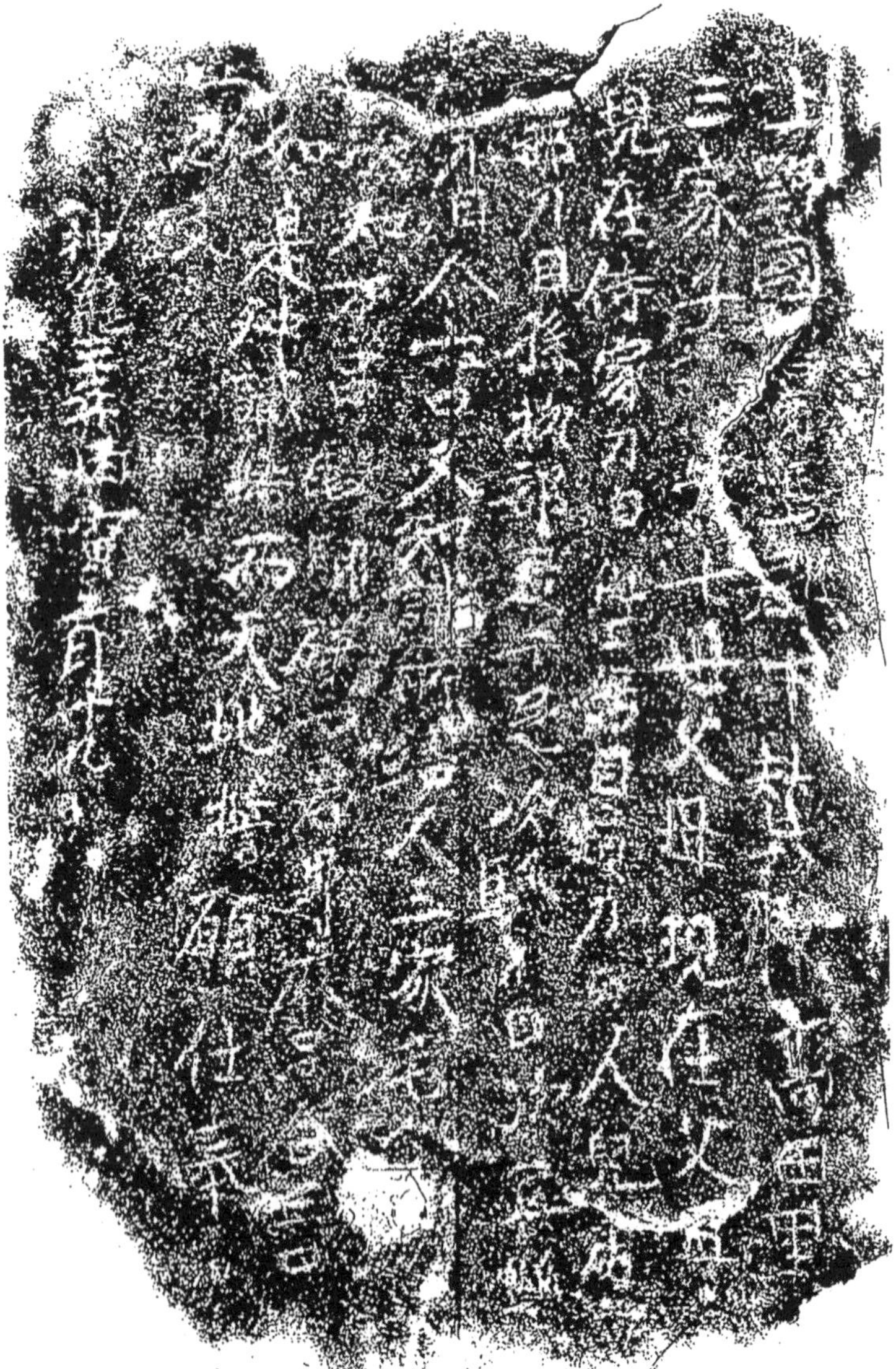

図 13　「金井沢碑」拓影（『古京遺文』より転載）

各種史・資料で確認できる多胡郡内の居住氏族には、部姓の「山部・八田部・阿部」等がみられるが、「新羅人」が改姓された「吉井連」は、多胡郡内居住かどうか確認できない。隣接する緑野郡や群馬郡南部までを含めて存在感があるのは、金井沢碑にもみえている「物部（君→公）」氏であろう。鏑川流域を中心に、有為の分布を示していると考える。金井沢碑によって知られるように、同族の「磯部（君）」氏も含めて当時すでに解消されていた筈のミヤケ（三家）に結集した人的結合である。

その一方で、周辺地域に関しては「子」が上につく人名が目立つ。「物部」などの有姓者につく場合あるので断定はできないが、これが通説でいう「多数居住する渡来人」に関係するものであるとすれば重要である。無姓なのか「子」姓なのか判断するための類例が俟たれる。平安前期の畿内氏族の傾向を示すとされる『新撰姓氏録』でさえ三割程度であるとしており、特定地点への集住の事情があるにせよ、「物部氏・蘇我（部）氏・壬生（部）氏」などの影響下にある内陸部の鏑川流域に、多数の無為の「渡来人」が居住していたというのは信じがたい。

多胡郡域に関する近時の注意すべき調査成果としては、多胡郡衙「正倉院」の位置と範囲確認がなされたことである。(18)現在までのところ調査範囲が狭く、遺構の残りも良好といいにくい状態であったため、史跡指定範囲の網を掛けて後の、更なる実態解明が期待されるところである。多胡碑の現在の設置場所付近が、郡衙設計段階での何らかの基準になっている可能性があるらしい。それがミヤケのような先行する施設であれば、多胡碑が場所を選んで建てられたことになるし、多胡碑が先行するなら多胡郡が設置された段階で、各施設が建造中であったことになる。後者である可能性は高いだろう。いずれにしても国史に名を残すような稀有な地点であり、「上野三碑」との関係とも相俟って、今後の慎重な調査・検討が期待される。

なお、現在藤岡市の鮎川右岸は、かつての緑野郡になると思われるが、鏑川流域の条里型土地区画と東西に並列する形で地割が所在した。緑野郡の主要部分は、神流川の扇状地性地形で占められているために、僅かな扇端部にしか水田可耕地が存在しない。条里型土地区画は北端部の「小野」地区を除くと、多くの地点で明瞭な広がりをもたない。その意味で中大塚を中心に分布している条里型土地区画は注意される。地形の関係で水田の不足していた「武美郷」に付帯する水田であったかもしれない。

以上の各地点の条里型土地区画の具体的な実施時期に関しては、流域全般谷の東西方向に長い距離が関係しているので、全てが同時に施工されたわけではないだろうし、年次単位の徭役労働に基づいて、水路や畦畔が長期間に亘って徐々に整備されていったものと思われる。河川によって分断される行政区分（里→郷）と、それに附属する水田とみられれば、各単位毎に同時着工の可能性もあることになる。ある程度統一的な工事が実施可能であった時期としては、安倍貞行が国司であった段階が注意される。[19]『日本三代実録』貞観八年（八六六）四月二十七日条によれば、

・上野国言「従五位上行介安倍朝臣貞行催勧百姓、開発四百卌七町、」太政官処分、未斑之間、為地子田。

という記事がある。一般に「（輸）地子田」とは、「公田」を賃租して「地代」を獲得することを目的とした田であった。[20]これに先立つ貞観七年五月十七日には、

・上野国云「加挙権任国司公廨料七万束」従之、

とあって、翌年転任する権任国司賀茂岑雄の公廨料七万束を運用することを許されている。国司介の安倍貞行は、この運用益を「開発」に充てたのではないか。残念ながら対象地点は特定できないが、こうした事例は上野国ではほとんど知られていない。新たな試みを実施して翌年には結果を出した安倍貞行という人物の能力に注目したい。

また、流域の各地点に「和名抄」郷名の遺称地とみられる地名が多く残存するほか、国衙・官司系の荘園関連地名と考えられるものがみられた。逆に、条里制に伴う数詞の地名（条・里・坪等）の残存はほとんど残されていない。

このことは、古代と中世との間に急激な断絶[21]があるとされる上野国東部地域と異なって、古代から中世にかけて緩やかに推移していった可能性がある。

さらに、上野国西部地域での活発な馬匹生産が想定されているが[22]、公私の「牧」の所在が確認できるような地名に対応する具体的物的証拠は確認しにくい状況であった。条里型土地区画が実施されているような、条件のよい利用中の水田での放牧等は実施されないだろうから、段丘を分断する形の谷地部分を閉塞して利用したとみるのが穏当であろう。安中市中野谷遺跡群（図14）のように、広範囲にわたって各種の施設が散在するという景観も想定しておく方がよいかもしれない。

四　物部氏とソガ氏

鏑川流域に関しては、史料の残存の関係で隣接諸地域よりは、具体的な居住氏族などに関する情報がある[23]。そのような状況からは、各種の氏族が雑居状態であったと考えるのが穏当である。そこに、郡領に任命される有力者を輩出するほど多数の「渡来人」が居住していたと考えるのが通説である。一口に「渡来人」といっても多様であり、各時代・各地域に渡来した人びとの意義について、十分留意しなければならない。本来の出身国・渡来の時期と経緯・渡来後の日本での処遇・「畿内」等での居住地・地方への再配置の意味などの諸条件が異なれば、同じく「渡来人」と一括りで考えることは到底できない。

そうした氏族分布の状況下を踏まえると、鏑川流域に限らず、やや突出している印象があるのが「物部」氏である。上野国内の「物部（君）」氏は、鏑川流域の最深部から群馬郡南部まで広く分布している。高崎市矢中村東遺跡で出土

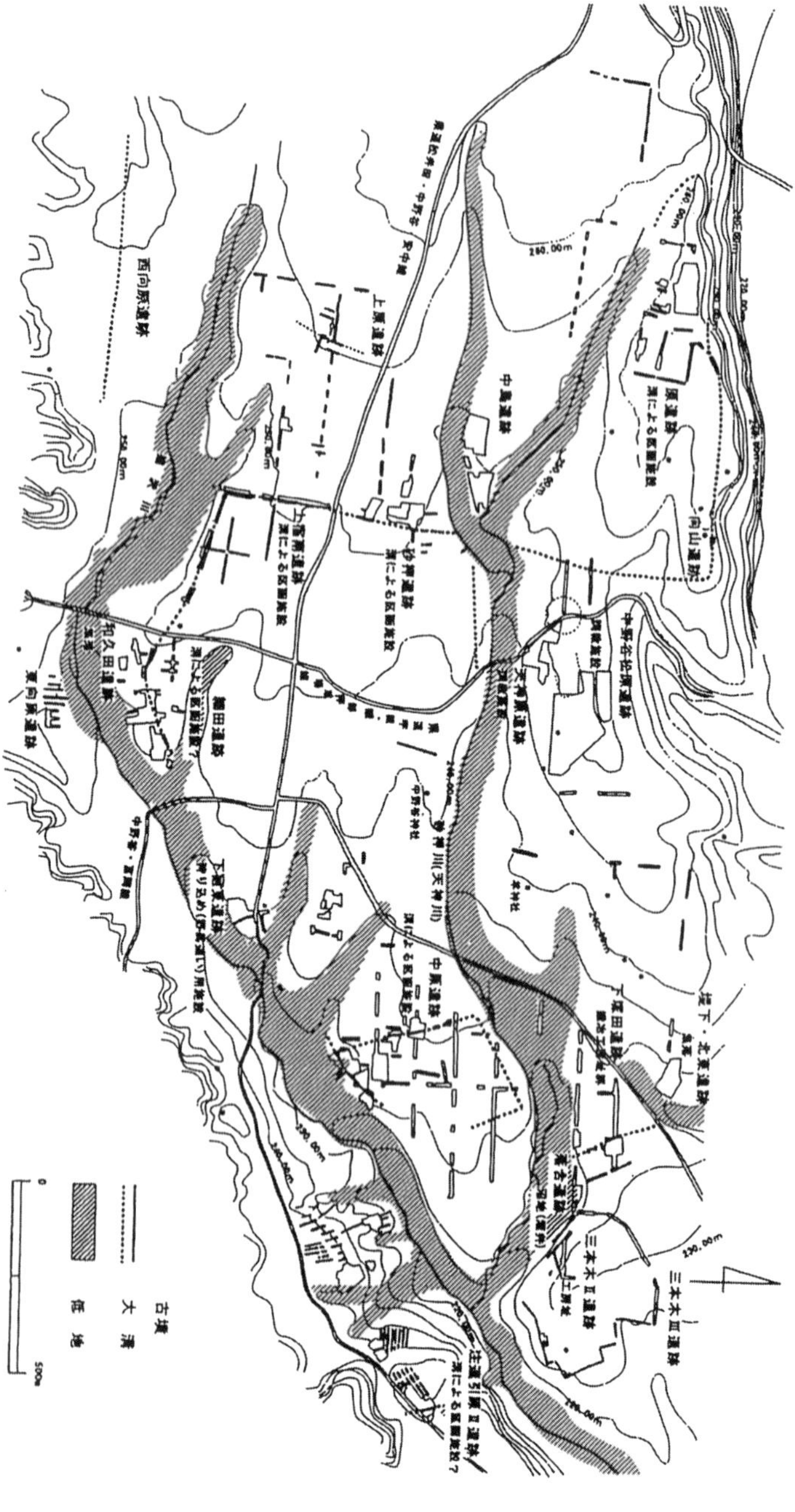

図14　安中市中野谷遺跡群（安中市教育委員会『中野谷地区遺跡群』（1994）より転載）

している「物部私印」などは、ほぼ未使用の状態で水田跡から検出されたらしいが、平安時代の遺品になるであろう。当時使用禁止のはずの「私印」の事例という意味でも、非常に重要な資料である。上野国の平野部の各郡に帯状に分布して、恐らく下毛野地域との境界領域付近にも、「緑野屯倉」ないし「佐野三家」と類似した性格の（アガタ↓）ミヤケが設置されていたと思われる。

軍事的性格が強調されがちな「物部」氏であるが、氏族として非常に大きな広がりをもち、多面的な性格を保持していた[24]。上毛野に勢力を扶植していた「物部（君）」氏も例外ではないだろう。「物部」氏が濃厚に分布していた前橋～高崎台地上には石上神社やフロ地名がいくつも分布し、河川に命名されている場合さえある（風呂川）。前橋～高崎台地を悉皆的に開発するのは、非常に長期間を要した工事であったと思われるが、標高差を利用して低地の水を台地上に揚水するための「水路」がいくつも掘削され、接続され、整理・統合されて広大な面積の「乾田」が現出したのである。

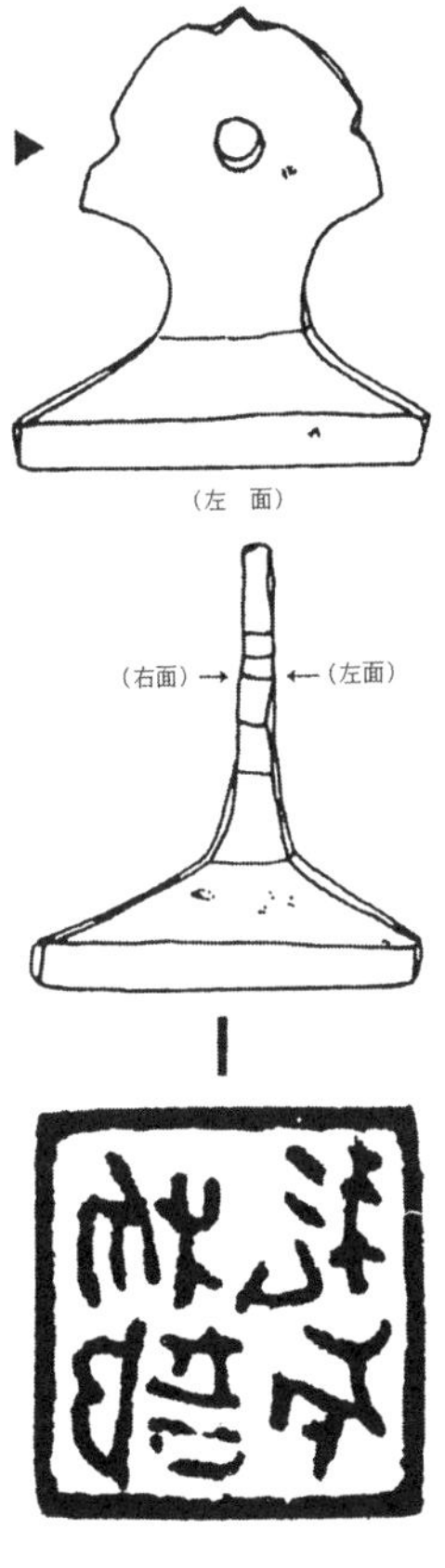

図 15　「物部私印」（高崎市教育委員会『矢中遺跡群（Ⅶ）』（1984）より転載）

少なくとも、上毛野に居住していた「物部」氏は、従来の技術と比較して大規模な開発に直結するような農業土木の技術を保持していたのではないか。現利根川流路さえ、その起源は右の「水路」に由来するものであった可能性がある。[25]但し、水路の走行は地形に順応したものであり、大局的には緻密な条里型土地区画を形成するところまではいっておらず、その意味では古いタイプの開発形態であった。

また、「金井沢碑」によって知られるように、上野国在住の「物部（君）」氏の人びとは、「仏教」を信奉していた。八世紀初頭の同時代、畿内では「国家仏教」が構想され、その具体化のための方策が講じられつつあった。[26]その前段階では、蘇我氏とその近親としての王族の手元に、仏教に関する情報や権限が集中していた。[27]さらにその前段では、仏教を導入するかどうかで、蘇我氏とその他の既存の信仰に固執する勢力（物部氏・中臣氏等）とが、主導権を争うことさえあったといわれているのである。[28]

ここで問題の「仏教」は、八世紀に喧伝された「国家仏教」ではなくて、民間信仰に通底する一段階古い「仏教」だった可能性が高い。「道教」や「儒教」との差別化もやや曖昧なものであったろう。とくに上野国などの場合、国分寺に象徴される「国家仏教」が、地域にほとんど定着できなかったことを考えれば、地域で支持された「仏教」とは、従前の信仰をも排除しないような柔軟な性格のものであった。白鳳期以前建立の「定額寺」相当の寺院の僅少さからすると、在家の信仰が中心で、単発的な写経などの実施事業の実施はあったかもしれないが、恒常的で正式な「法会」等が、どの程度実施されていたかはかなり問題である。そうであれば、弘仁八年（八一七）の最澄の「東国伝道」の意味が、とくに在家信者たちにとってはいや増すことになっただろう。[29]

物部氏は、カバネや複姓の多様性に対応するような形で、多面的で柔軟な構造をもっていたとみられる。石上神宮を奉祭していたが、そこには武器庫が併設されていて、軍事行動への対応が期待されていた。東国地域を中心に、長期間にわたって広範囲に展開し、王権の地域支配を基底部分で支える役割を果たしたと考えられる。榛名山二ツ岳の噴火に際しては、被災地から離れて群馬郡南部や鏑川流域地域へ避難をするような場合もあったのではないか。

　また、各地域への進出が、時期的にやや後発して注意されると思われるのが「ソガ部」氏になる。これまでソガ氏関連氏族の分布は、東山道諸国では信濃国を東限とし、上野国では史料的に平安時代の群馬郡で東大寺の綱領を務めた人物程度しか知られていなかったが、同時代の「仏教」の伝来状況を考慮すると、東日本各地に伝来後間もない百済系の仏教を導入し得たのは、限りなく畿内の本流に近いソガ氏関係者ではなかったか。同時代には非常な希少性があったはずの、寺院建立の技術や各種の仏像・仏具といった物品を含む各種関連情報を入手でき、活用できたのも、仏教導入に積極的な蘇我氏そのものであったからではなかろうか。

　全般的に史料の僅少なソガ系氏族の、上野国内での分布範囲については、とくに西部地域で物部氏のそれと重複する傾向にあった。但し、前述のように鏑川流域でも中心域から微妙にずれた分布（甘良評曽木里）になると思われる。終末期の方墳が指標になるとみられるが[30]、上野国内でも該当するのは数例に留まる。そのことは、中央での蘇我本宗家の政権掌握期間の短さに対応している可能性がある。逆にいえば、総社古墳群の連続して構築された三基の方墳は、東日本全般を見渡しても非常に特異な存在であることになる。西の「吉備ミヤケ」[31]に対応する、東の「（上）毛野ミヤケ」が存在した可能性はあるのではないか。それらのミヤケは、「緑野屯倉」や「佐野三家」のような郡郷レベルのミヤケ（「評衙」「里衙」に相当）の上位に位置づけられる、後の「国府」に相当するような、拠点的政治施設であったと考える。

　七世紀以前にあっては、両者の関係は八世紀代のそれと相当に大きな退転があったものと思われる。上毛野地域にあっては、榛名山二ツ岳の火山災害によって、ソガ氏と物部氏との上・下関係が発生したが、七世紀半ばの中央での政治的事件（乙巳の変）の影響で、蘇我氏の本宗勢力が失脚したことが、地域支配の権限に関しても影響した可能性がある。その関係は微妙であるが、おしなべて国司支配に服するという点では平滑な状態であった。他に『続日本紀』

以降の国史に登場するような地域の有力者が存在したことを考慮すれば、少なくともかつてあったような権威は失われていたとみられる。

五　多胡碑の「郡成給羊」

鏑川流域地域の最重要史料の「上野三碑」のうち、「多胡碑」に関して一言付言しておきたい。その碑文は、次のようなものである（傍線は個人名）。原史料が公文書だとはいえ、中央官人のなかでも最上級の顔ぶれが並ぶ内容は、地域にあってはかなりの違和感がある。

弁官符上野国片岡郡緑野郡甘
良郡并三郡内三百戸郡成給羊
成多胡郡和銅四年三月九日甲寅
宣左中弁正五位下多治比真人
太政官二品穂積親王左大臣正二
位石上尊右大臣正二位藤原尊

碑文の釈読は上に整理する通りである。他に、土台石に嵌まる出柄部分に「國」とあったというが、保存のためにコンクリートで固められた現状では、全く確認できない。

採拓に伴う加刀のこともあって、碑文の各文字の字形は明瞭で、字句の大半も法制用語として問題はない。ただ「羊」を含む前後の部分の解釈には諸説ある[32]。近年の傾向として、「渡来人」から任命された郡司個人の人名であるとされ、固定化しているのが気に掛かる。

諸橋轍次『大漢和辞典』（大修館書店、一九五八年）によれば、「羊」に関しては①ひつじ、②よい、③はへ、④さまよふ、⑤ひつじへん、⑥（姓）のように多様な語義が示されている。これらのうち、①・③及び⑥は単なる名詞である。

これに対し『日本霊異記』下序文に「羊僧景戒」という語句がある。通常、景戒が謙譲の気持ちをこめた言葉であるとされる。[33] ここにみえる「羊僧」という語句に関しては、僧侶の序列として「十誦律」では五種で「糯羊僧」、「大智度論」・「十輪経」には四種で「唖羊僧」とあり、「大智度論」の整理では、「①実僧・②有羞僧→③唖羊僧→④無羞僧」のような順序になるという。右の序列が、単なる宗教上の優劣と直結しないのである。全部ではなく、ある状況・ある集団にとっては不都合であるという意味になるらしい。要するに、「羊」が個人の人名の可能性も絶無ではないが、

図16　「多胡碑」拓影（『古京遺文』より転載）

そうでない選択も少なくないように思われるのである。

「多胡碑」が石碑の形状を採る以上、半永久的な法令告知の意味で、象徴的な場所（交通繁華な郡家近傍、または郡家構内等）に建てられていた可能性は非常に高い。誰に告知するために建てられたのか。同郡内と考えられる「山上碑」・「金井沢碑」の例を引くまでもなく、近隣地域には前代からのミヤケの関係者が居住していた。ミヤケは、大化改新の政策実施の下で廃止された。それらミヤケの系譜を意識する人びとと、多胡郡の「設置者」とは、どのような人間関係を構築していたのか、いなかったのか。多胡郡に「渡来人」が多数居住していたなら、それらの人びとは何時・どのような契機で居住するようになったのか。七世紀以前の「評」段階はいざ知らず、八世紀以降の「郡」の設置では、時期と地点の異なる武蔵国高麗郡と同新羅郡以外に「渡来人」の移住を伴う例はない。

しかも、私見では同時代の鏑川流域は、上毛野地域全体のなかでも相対的に開発が進み、多胡郡設置の八世紀段階では人口稠密地域であって、以前からの閑地だった訳ではないので、拓殖的な意味があった訳でもない。むしろ強制的な土地の収容を伴うような、地域の利害を一方的に無視する形の政策（「廃置国郡」）は、八世紀初頭段階にあっても容易に実行可能な政策だったのであろうか[34]。

菅原道真の『菅家文章』ではないが、古代の行政文書は、下書きの段階で内外の類書の名文や用語を参考にし、作文されていることが非常に多い。法令に則った書式に伴う部分や、事実を伝えている固有名詞・日付等を除くと、「郡成給羊」という部分だけがそうした美文に類するものであった可能性もある。

「羊」の意味も、それをみて喜んだか怒ったかは問題だが、同時代の仏教関係者を中心に、みる人がみれば理解できる性格のものだったのではないか。前述のように、誇り高い「ミヤケの人びと」も含まれていたであろう当地の仏教関係者にとっての「羊」は、決して好ましい意味ばかりではなかった。それどころか、仏教を信奉する人びとにとっては、むしろ見下した意味になるだろう。「羊」とは個人の氏名なのではなくて、体制側にとって政策意図への理解力のない不明な集団という意味ではなかったか。

律令制度の導入後、急激に新たな制度が実施されていたが、全国的に政策的なコンセンサスがあった訳ではないので、場所によっては従順ではない地域住民に悩まされる場合もあったろう。そのような住民（三家子孫）に対して、妥協した形で政策実施に及んだことを、象徴的に示す言葉が「郡成給羊」だったのではなかろうか。

改めていうまでもなく、古代の日本は東アジア各地域との通交が盛んであった。いわば文化の希少性の逆転になる。海外の文物や情報が多量に流入していたというが、日本海沿岸地域を中心に、今日の印象とは異なる形の分布がみられたことを、まず確認しておくべきではなかろうか。

鏑川流域の、造成可能な地点（平坦地）のほぼ全面に条里型の方格地割が施行されたことは、同時代の技術水準への適合という面もあるが、その前提として七世紀段階以前の上毛野地域全般に関する開発の進展に関わっていた可能性が高い。同時代の上毛野地域にあっては、六世紀代の二度にわたる榛名山二ッ岳による火山災害の被害からの復旧がほとんど必要でなかった地域で、各種の開発条件に恵まれていたのは、ほぼ鏑川流域に限られる状態であった。比較的幅広の平坦地が緩やかな傾斜を以てほぼ東西方向に連なり、それを貫く形で天然の用（排）水路としての鏑川が流下しているのは、同時代の人びとにとって最小限度の労力で造成可能な願ってもない地形であった。

一般的な「廃置国郡」の実施要件としては、郡域が広大過ぎるとか、人口が増加したので郡を分割して、地域の有力者としての郡司の定員を増加させ、地域支配の担い手として輪番的に郡司任命の可能性をもった各地域の有力者たちの付託に応え、活性化させるための場合があった。私見では、多胡郡の設置の場合には、より高次な政治的判断が働いた可能性があると思われる(35)。仮に「人口の変動」があったとすれば、同時代の上毛野地域に関しては、それ以前に何故局地的で急激な人口増加が発生したのかについて考える必要がある。前代の火山災害は大きな要素になるだろう。

稲作農業の定着以来、土地や施設を確保しておくために、一定以上の階層に属する人口の流動性は著しく低下したと考えられる。八世紀代の「公地公民」の構想の下では、土地の私的所有権に関する考え方はあまり発達しなかったが、九世紀代になって条里制に伴う方格地割が実際に各地で造成され、正確な土地の位置関係が公的に把握されるようになると、中央大寺院等の法人格による所有が進展し、条件のよい耕地の獲得・囲い込みに努力が払われるようになった。上野国などでも、そのような件に関する紛争が発生するようになったとみられるが、その調停に際して公的権力はほとんど機能しなくなっていた。

注

（1）これまでにも拙著『上毛野の古代農業景観』（岩田書院、二〇一二年）等で、群馬県全体の条里型土地区画の分布とその意味について概観している。また、関東条里研究会編『関東条里の研究』（東京堂出版、二〇一五年）参照。

（2）拙稿「「国造」領域の分割と律令制的地域再編成」（『信濃』六五巻一〇号、二〇一三年）。

（3）早田勉「古墳時代におこった榛名山二ツ岳の噴火」（新井房夫編『火山灰考古学』古今書院、一九九三年）、（財）群馬県埋蔵文化財調査事業団『自然災害と考古学』（上毛新聞社、二〇一三年）、高橋一夫・田中広明編『古代の災害復興と考古学』（高志書院、二〇一三年）等参照。

（4）たとえば、松浦茂樹『埼玉の津と埼玉古墳群』（関東図書、二〇一一年）参照。

（5）拙稿「東山道「駅路」の成立」（地方史研究協議会『交流の地方史』雄山閣、二〇〇五年）。

（6）たとえば、中村光一「俘囚料の設置をめぐって」（『延喜式研究』創刊号、一九八八年）。

(7)　この件に関しては、拙稿「中央官人と地方政治」（『信濃』六七巻七号、二〇一七年）、同「安倍貞行と興行」（『信濃』六八巻五号、二〇一八年、いずれも拙著『東国の古代地域史』岩田書院、二〇一六年再収）で、奈良～平安時代前期の政治過程の概要を整理してみた。

(8)　岡田荘司編『古代諸国神社神階制の研究』（岩田書院、二〇〇二年）参照。

(9)　各地の近年の代表的な発掘調査報告書類等は、「各県の状況」（関東条里研究会編『関東条里の研究』東京堂出版、二〇一五年）の「文献案内」、及び条里制・古代都市研究会編『古代の都市と条里』（吉川弘文館、二〇一五年）巻末の「参考文献」が利用可能である。

(10)　拙稿「鏑川流域の条里的地割」（『条里制研究』二号、一九八六年）。

(11)　黛弘道「犬養及び犬養部に関する研究」（『律令国家成立史の研究』吉川弘文館、一九八二年）で存在が指摘され、拙稿「広域行政圏としての「東山道」」（『日本古代地域編成史序説』岩田書院、二〇一五年）で現地を確認している。

(12)　富岡市教育委員会『本宿・郷土発掘調査報告書』（一九八一年）。

(13)　（財）群馬県埋蔵文化財調査事業団『中高瀬上之原遺跡』（一九九四年）。

(14)　松田猛「中世資料のなかの古代氏族」（西垣晴次先生退官記念『宗教史・地方史論纂』刀水書房、一九九四年）。

(15)　甘楽町教育委員会『甘楽条里遺跡』（一九八四・八五・八七・八九年）、（財）群馬県埋蔵文化財調査事業団『甘楽条里遺跡（大山前地区）・福島椿森遺跡』（二〇〇〇年）等参照。

(16)　能登健・田中雄「考古学的に見た甘楽条里遺跡（大山前地区）の耕地変遷」（甘楽町教育委員会前掲注（15）書。

(17)　前沢和之『古代東国の石碑』（山川出版社、二〇〇八年）、松田猛『上野三碑』（同成社、二〇〇九年）等。

(18)　滝沢匡「上野国多胡郡正倉跡と寺院」（佐藤信編『古代東国の地方官衙と寺院』山川出版社、二〇一七年）。

(19)　拙稿前掲注（7）「安倍貞行と興行」参照。

(20)　たとえば弥永貞三「大化前代の大土地所有」（『日本経済史大系』第一古代、東京大学出版会、一九六五年）。

(21)　たとえば峰岸純夫「浅間山の噴火と荘園の成立」（『中世の東国』東京大学出版会、一九八九年）、同「浅間火山灰と中世の東国」（能登健・峰岸純夫編『よみがえる中世』5、平凡社、一九八九年）。
(22) 前沢和之「上野国の馬と牧」（『群馬県史』通史編2、一九九一年）、右島和夫「上野地域における馬の登場」（『地方史研究』三一一号、二〇〇四年）等。
(23) 松田猛「出土文字資料からみた上野国の古代氏族」（『地方史研究』二四三号、一九九三年）、また、川原秀夫「上野国氏族資料集成」（『明和学園短期大学紀要』十五号、二〇〇三年）等。
(24) 篠川賢『物部氏の研究』（雄山閣、二〇〇九年）。
(25) 拙著『古代上毛野の地勢と信仰』（岩田書院、二〇一三年）、拙稿「利根川変流以前」（『東国の古代地域史』岩田書院、二〇一六年）。
(26) たとえば、井上薫『奈良朝仏教史の研究』吉川弘文館、一九六六年）。
(27) たとえば、田村圓澄「氏族仏教と国家仏教」（『日本仏教史』Ⅰ、法藏館、一九八二年）。
(28) 薗田香融「東アジアにおける仏教の伝来と受容」（『日本古代仏教の伝来と受容』塙書房、二〇一六年）等参照。
(29) 白石太一郎「東国の古墳と古墳群」（『古墳と古墳群の研究』塙書房、二〇〇〇年）。
(30) 薗田香融「最澄の東国伝道」（『平安仏教の研究』法藏館、一九八一年）、菅原征子「両毛地域の仏教と最澄」（『日本古代の民間信仰』吉川弘文館、二〇〇三年）等。
(31) 栄原永遠男「白猪屯倉・児島屯倉に関する史料的検討」（『日本史研究』一六〇号、一九七五年）、湊哲夫「吉備と伊予の豪族」（新版『古代の日本』④中国・四国、角川書店、一九九二年）等。
(32) たとえば、松田猛『上野三碑』（同成社、二〇〇九年）。
(33) 吉田靖雄「『日本霊異記』と三階教の関係」（『日本古代の菩薩と民衆』吉川弘文館、一九八八年）。
(34) 拙稿「広域行政圏としての「東山道」」（『日本古代地域編成史序説』岩田書院、二〇一五年）。
(35) 拙稿「大和・川内と上毛野」（『東国の古代地域史』岩田書院、二〇一六年）。

第Ⅱ部　信仰

第五章　古代仏教の伝来と上毛野

一　仏教東漸のその後

倭国は、古代仏教東漸の終末点であった。

日本の最初期の仏教は、道教などと並んで百済からもたらされた、国家「統治」のための基本原理とでもいうべき思想であると認識されていたという。[1]本来、民衆レベルの「救済」を目指したものではなかったのである。諸説ある六世紀半ば（五五一年または五三八年）という公伝の時期は、先行する高句麗・百済への公伝後、一六〇年ほどを経た段階の時期のものであった。

本来経典は、外国語（サンスクリット）で書かれていて、理解可能な言語への翻訳の必要があり、倭国に伝来する以前に、中国で漢訳されていた。百済等三国及び倭では「漢訳経典」が通用することになった（「漢訳経典圏」）。インドから発信される段階でも様々に選別され、かなり宗派的・意図的に制約された形で流布された。

各時期・各地点での翻訳と解釈との結果、非常に複雑になった仏教の多面的な内容を十分理解するためには、末端に行けば行くほど各種の経典を入手する必要があった。シルクロード経由（主に大乗）や、海路（主に小乗）で運ばれてくる情報は、元々非常に限られており、何が仏陀の語った本質に近いのかを知るのは容易ではなかった。

対外関係の逼迫の下で、政治の道具として、仏教の様々な構成要素が百済からもたらされたのと同様に、やや遅れて高句麗からも情報がもたらされた。しかし、当時朝鮮半島三国のなかで、中国（南朝〜隋・唐）と最も良好な外交関係を構築していたのは新羅であり、最終的に、仏教に関する最も詳細な情報を確保し、倭国に提供可能だったのも新羅であった(2)。

日本の古代王権の周辺で、当時の極東地域で最も充実していた新羅の仏教を受容できたのは、七世紀も後半以降のことであった(3)。同時代の「地域」の仏教の性格を考察するためには、これらの前後関係をまず確認しておく必要があるだろう。

二　国内の伝来経路

仏教が、インドから中央アジア経由ではじめて後漢に伝えられたのは、諸説あるが概ね一世紀半頃のことであったとされる。それが中国国内で漢訳・咀嚼されて、朝鮮半島諸国に伝えられ、さらに末端の倭国にまで伝えられるには、なお相当な時間とエネルギーとが必要であった。

朝鮮半島諸国のなかで、最も早く仏教を受容したのは、地理的な条件もあって、高句麗であったとされる。『三国遺事』小獣王五年（三七五）に寺院設置などの記事があり、「これ海東仏教の始めなり」とする。北朝（前秦）から、直接情報と人材の提供を受けている。その記事を単純に「公伝」とはみなせないが、遅くとも四世紀後半には、ある程度の素地はできていたとみられるだろう(4)。

次いで百済に仏教が伝えられたが、『三国史記』百済本紀枕流王元年（三八四）に、南朝の東晋から僧侶が到着し、「仏法ここに始まる」とされる。高句麗よりもやや遅れるが、同じ四世紀後半のことであった(5)。中国との位置関係もあって、高句麗と百済とが、それぞれ中国の南北朝から、別々に情報提供を受けていたことに、十分留意しておかなければならない。

朝鮮半島でも南東側に位置する新羅の場合は、北朝との通交には高句麗を介し、南朝との通交には百済を介するという形で、それぞれ迂回的であったため、逆ルートになる仏教の伝来も、かなり遅れて『三国史記』新羅本紀法興王十五年（五二八）のことであったとされる。「肇て仏法を行う」ということで、多少の時期の前後はあるかもしれないが、概ね六世紀前半のことであった(6)。

新羅に関する以後の展開は、倭国での仏教の受容と時期的にはほぼ並行する形であった。但し、百済・高句麗が相次いで滅亡し、隋・唐時代の中国との結びつきがより緊密になると、山東半島を一大拠点とした、新たな経典の翻訳・解釈の進展と相俟って、各種情報が急激に流入し、彼我の差は歴然とすることになった。仏教に関しても「先進国」たる新羅からの情報提供や協力関係が不可欠のものとなっていったのである。

朝鮮半島三国に共通しているのは、いずれも支配領域が拡大するなどして、国威が発揚されているような時期に、仏教の受容がなされている。同時期の仏教が、「冊封」体制の上位に位置する歴代中国王朝から、「臣従」する国家としての認証という、政治的契機によって移植された形になっていたのである。

対等外交への指向にもかかわらず、倭国もそのような「冊封」体制のなかに入る必要があった可能性がある。しかし、倭国の場合は、中国から直接ではなく、ほぼ朝鮮半島三国から倭国→日本に向けて仏教が伝来した。そして、朝鮮半島情勢の変化に伴う日本の外交スタンスなどの関係で、明確な時期差が発生した。

（任那）伽耶地域の消滅後、三国のなかで最も危機的な状況に陥ったのは百済であった。最終的には「唐＋新羅」の勢力に対抗するために、「高句麗＋百済＋倭国」という、以前にはあり得ない組みあわせで対立と妥協の基本軸ができあがった。

百済は、惜しみなく倭国に仏教関係の情報提供を行った。結果として、六世紀中頃の倭国仏教の最初期は、南朝の影響を色濃く受けた百済の仏教であった。仏像の遺品などにその影響がみられる(7)。百済からの情報入手については、以前からの伝統で、九州地方北部から瀬戸内海経由で、畿内近国に至る伝播ルートが想定できる。同じ船には、避難民として来日した百済人等も同乗していたと思われる。

次いで流入したはずの高句麗の仏教は、北朝の影響を受けたものであり、畿内近国を中心とした各地の弥勒信仰や、関連氏族が多数配置された特定地域の、古代寺院（高麗寺）の伽藍配置などに、その影響が遺されている。日本海経由の伝播が想定される。

斉明天皇六年（六六〇）に滅亡した百済、及び天智天皇七年（六六八）に滅亡した高句麗は、それぞれの事情を反映しながら、然るべき人数が日本に亡命してきたとみられる。比較的上流階級が集団で亡命し、畿内近国に収容される場合が多かった百済に比べ、庶人を多く含んだとみられる高句麗は、東日本の各地に所在するコマ郡・コマ里に集住させられるような場合があった。

そうした渡来人の移配は、それまで基本的にはヤマト国今来（高市）郡（東漢氏）か、川内国東部（西文氏）に配置させられ、そこを出発点として各地に再配置されていった。六世紀以前には、畿内近国を中心に開発行為に従事した。専業の技能集団にあっては、原材料の供給地などに集住させられる場合もあった。

また、地域編成の先兵として、技術供与などの後に、各地を転移する場合もあった。故国での地位が高く、人材として有用であれば、一定の意図に基づいて、王権（都城）に近接して居住させられることもあった。各種条件によって、その取り扱いも様々であったのである。

その後、徐々に関係が沈静化した新羅人を中心に、大量の渡来人を受け容れることになったが、それらの人びとは、当時化外と認識されていた、陸奥国・出羽国に近接した東国地域に配置される場合もあった。

その思想的背景には、「畿内」を中華と認識する小中華思想が介在したであろう。直接戦闘などは想定されていなかっただろうが「夷を以て夷を征する」形が渡来人の移配政策によって具現化されたのである。『倭名類聚抄』郡郷名で「陸奥国柴田郡新羅郷」の存在は、その最終段階を示唆するだろう。

・畿内への集住（大和国今来郡等）
　←近江「大津京」への移配
・畿外への移配
　←信濃国への移配（都城の移転検討）
・東国地域（常陸国・武蔵国・下毛野国）への移配

以上の関係を整理すると、政治的地点を中心に上記のような順序が踏まれていることがわかる。

畿内への集住後、近江国と信濃国とに行われた移配は、白村江敗戦後の対外情勢をにらんでの、避難的な遷都に先立つ政策で、都城（宮都）への集住に関係している。結局、信濃国への遷都は実施されなかった。

表9に示すように、七世紀後半でも持統朝を中心とする渡来人の東国地域への移配は、武蔵国と下毛野国に集中している。このことは偶然ではないだろう。その構成員の多くは新羅人であり、高句麗人や百済人は非常に限られている。

移配の対象となった人びとは、必ずしも「僧尼」ばかりではないが、寺院の造営に関する技術者や、熱心な在家の信者も含まれていた可能性はある。このことは、同時代に伝えられた仏教に関する、各種情報の多寡とも密接に関係

表9　七世紀東国地域への渡来人の移配

年・月・日	渡来人	移配	備考
天武天皇四・十・丙戌	唐人三〇口	筑紫→遠江国	
持統天皇元・三・乙卯	投下高麗人五六人	→常陸国	賦田受稟使安生業
持統天皇元・三・丙戌	投下新羅人一四人	→下毛野国	賦田受稟使安生業
持統天皇元・四・癸卯	投下新羅僧尼男女各二二人	筑紫→武蔵国	
持統天皇二・五・戊午	百済敬須徳那利	→甲斐国	
持統天皇三・四・癸未	投下新羅人	→下毛野（国）	（那須国造碑）
持統天皇四・二・壬申	帰化新羅韓奈末許満等一二人	→武蔵国	
持統天皇四・八・乙卯	帰化新羅人	→下毛野国	
霊亀元・七・丙午	投下新羅人五六人	尾張国→美濃国	席田郡立郡
霊亀二・五・辛卯	高麗人一七九九人	駿河・甲斐・相模・上総・下総・常陸・下野七国→武蔵国	高麗郡立郡
宝字二・八・癸亥	帰化新羅僧尼男女七四人	→武蔵国	新羅郡立郡

してくるだろう。

恐らく高句麗に関しては、その滅亡に当たって、日本との間に新羅が挟まれるという地理的条件によって、あえて日本に渡来するよりも、中国本土や北方方面が選択され、絶対数が限られていた可能性がある。(8)それでも霊亀二年（七一六）に高麗郡が設置された段階では、「一七九九人」もの人数が、東国各地からかき集められ、一郡が構成されることになった。恐らく当時の東日本に在住した高句麗人の総数に近いだろう。その背景には、何度も武蔵国司に任じた脊奈福信の策動があったとみられる。(9)

滅亡時期が先行する百済に関しては、古くからの親近感があり、畿内近国周辺で厚遇されていて、東国地域まで移配される方が特例であったとみられる。摂津国百済郡などは、百済王氏の重要な拠点となっていた[10]。さらに注意しなければならないことは、当時の交通体系の下で、東山道「駅路」のような施設が、必ずしも全通はしていなかった[11]ことであろう。東国地域への交通としては、陸上交通ではなく随所で舟運が活用され、当初関東平野内陸部への交通には、河川が利用されていた可能性が高い。七世紀後半段階で「東山道武蔵路」とされる交通路が開通してからは、陸路の場合にはそれが主に利用されたと思われる。

新羅郡の設置が、天平宝字二年（七五八）まで下るのも、担当する中央の為政者が変わっているので、同じ武蔵国に含まれるとはいえ、前段の高麗郡の設置などとは異なった脈絡で理解する必要がある。かなりの人数が動員された高麗郡の場合とは異なって「僧尼男女七四人」は、行政組織としての「郡」を成り立たせようというのではなく、別の目的があったとみられる。七世紀代の規模と近似するので、むしろ例外なのは高麗郡の方であった[12]。

仏教関係の諸要素である「仏・法・僧」は、様々な機会に多くの人びとによって、順次「東国↓上毛野」に流入した。六世紀段階から情報の流入はあったと思われるが、恐らく七世紀後半に多くの渡来人が東国地域に移配されてはじめて、社会的に認知されるようになったであろう。

全国的な仏教の認知は、朝鮮三国の仏教の公伝と浸透過程と同様に、しかるべき時間差があった。排仏派と崇仏派との確執があったにせよ、日本でも半島諸国と同様に、仏教公伝から飛鳥寺（法興寺）の造営までに、一世紀近い時間が必要であった。最初期の上毛野放光寺に居館内の仏堂が設置されたのは、飛鳥寺創建に比較的近い時期であったかもしれないが、その後の「寺院」建立にまで至るような展開には、さらに多くの時間を要したであろうことは想像に難くない。

三　「仏・法・僧」

古代仏教に関する各種情報は、朝鮮三国から一方的に伝えられたばかりでなく、日本で情報を渇望する学僧・信者の要請に応える形で、遣隋使・遣唐使等の外交使節に便乗・同行する学問僧によってもたらされた。その際にも、朝鮮三国の王権の後押しや、各国出身の僧侶・技術者等の献身的な協力が不可欠であった。

基本的にモノであった仏像及び荘厳具の数々は、仏教関係の物品としては最も早く持ち込まれた。それらは視覚的に訴えるものがあり、難解な漢文等で書かれた教説の理論よりも格段に説得的であった。それらは、飛鳥寺塔心礎の埋納物に知られるように、後期古墳から副葬品として出土する「半島系遺物」の延長上にあるものである。

『日本書紀』を中心とする同時代史料のうち、仏教関係の部分は、相当程度経典によって文飾されていることが知られるようになってきた。(13)これまで起点として確定しているように思われてきた「仏教伝来」の具体的年次さえも、文飾のための引用の原典があるとの指摘がある。(14)しかし、対応する考古資料などとの相関関係から、多少前後の時期のズレはあったとしても、一世紀単位に及ぶような大幅な修正は必要ないと思われる。

『日本書紀』敏達天皇六年十一月庚午条には、百済王から送られた寺院造営のための各種工人などがみえているが、そのなかには「造仏工」も含まれている。『日本書紀』にみえる仏像に関する記述では、種類が記されることは僅少だが、寸法（丈六）の方が問題になっているようである。敏達天皇段階で「造仏工」が招聘されている状態では、それ以前の仏像は海外製ということになる。仏像製作に関わる諸条件の整備に必要な、それなりの時間も考慮する必要があるだろう。

これらの仏像を収納するには、七堂伽藍とまではいかないが、少なくとも礼拝するための「堂」が存在する必要があるだろう。丈六仏は主尊になるだろうから、脇侍に相当する仏像などが未整備であった状況を想像させる。中央でも建築ラッシュの状態で、様々な器物を中心としたハードの部分が製作途中であった可能性がある。相当特殊な条件がなければ、地方で技術者等の確保はできなかったであろう。したがって地方では、飛鳥・白鳳期段階にまで遡及する古代寺院は僅少な訳である。上毛野放光寺であっても、ようやく「堂」が建ったという状況であった。

中国に経典が持ち込まれると、専業集団の手によって順次漢訳が行われ、まず中国国内に流布し、次いで朝鮮三国にもたらされた。語学の壁の問題もあって、基本的に漢訳以前の経典が、朝鮮三国に持ち込まれることもなかったし、ましてや日本に来ることもなかっただろう。

各種経典が、百済方面からもたらされた段階と、新羅方面からもたらされた場合とで、伝来経路に差異があった可能性もある。上毛野（国）でも山間地の吾妻評（→郡）に、白鳳期とみられる「金井廃寺」が成立してくるのも、若狭国から沿岸部を

表10　「仏像」の伝来状況

仏像名	時期
丈六仏像	『紀』欽明天皇六年九月
釈迦仏金銅像	十三年十月
丈六仏像	用明天皇二年四月二日
丈六仏像	推古天皇十三年四月
丈六仏像	十四年四月
丈六仏・仏像	十四年五月四日
仏菩薩像	皇極天皇元年七月二十七日
丈六仏	三年六月六日
丈六繡像・銅像	大化元年八月八日
丈六繡像	白雉元年十月
千仏像	白雉元年
丈六繡像	白雉二年三月十四日
仏菩薩像	白雉四年六月
百仏	天智天皇十年十月八日
仏	十月
仏	天武天皇十四年五月五日
阿弥陀像	持統天皇三年四月二十日
薬師像	七月
阿弥陀像	六年閏五月

北上する「日本海ルート」に関係している可能性がある[15]。
『倭名類聚抄』郡郷段階の吾妻評は、「長田・伊参・大田」の三郷程度であり、いずれも中之条盆地の狭隘な平坦地内に想定されるので、農業生産性はきわめて低い。したがって古墳時代中期以前に繁栄していたとは考えにくい。重要路線を扼する政治的に特化した評になるだろう。

これまでの中国仏教史の研究ですでに明らかにされている通り、主としてチベット経由でもたらされる経典は、非常に数が限られていたうえ、大乗仏教系を中心に内容が偏っていた。漢訳に要する時間もあって、朝鮮半島以東への流布までには非常に多くの時間がかかった[16]。

日本にはじめて経典がもたらされたのは、仏像等に遅れて『日本書紀』欽明天皇十三年ないし舒明天皇六年のことであったというが、そこには具体的な経典名は書かれていない。それらの内容が判明するのは、推古天皇の時代以降に限られるが、同時代に日本国内に持ち込まれていたとみられる経典を整理すると、表11のようになる。

旧訳経典と新訳経典との問題はあるが、日本で新訳経典が確認できるのは、ほぼ八世紀に入ってからであり、七世紀代の地方で当面問題になるのは、旧訳経典のなかでも表3の事例にほぼ限られるであろう。これを大幅に上回るものではなかったのではないか。

これらの経典のなかには、インドから伝来したものもあったが、一部に翻訳過程の中国で創作されたような事例も含まれていた。当時の日本の知識層に、それらの違いが十分分別できたかどうかは、かなり問題である。ましてや地域在住者に、十分な学殖者がいたとは思われない。

地方に相当する「畿外」では、今日そうである以上に、情報収集が困難であったと思われ、地方での自学・自習などは思いもよらないことであったろう。八世紀以降の官僧でさえ、諸国国分寺への赴任を忌避したことを考慮すれば、積極的に布教活動を行い得たとは考えにくい。ましてや、七世紀段階の上毛野地域にあっては、中央の蘇我氏一族そのものであるような、特殊な人脈でも想定しない限り、有為の人材を確保することはできなかった可能性がある。

仏教がようやく各地に認知されはじめた七世紀頃、僧侶の認証（得度）はどのように行われたのだろうか。いまだ官寺が成立しておらず、私寺も蘇我馬子の法興寺程度しか竣工していなかった推古二十二年（六一四）当時には、それ以前の私有民に対するのと同等に、得度権が蘇我氏に集約されていた可能性がある。このことは、蘇我氏が権力の中枢に位置していた七世紀半ば頃まで継続するのではなかろうか。それ以前の「得度」が伝承的であるのからすると、以後の「得度」は具体的で、対象人数も多い。私的な契機で「得度」に至るのを避けるために「年分得度」が構築され、間口はさらに狭くなった(17)。

表11　『日本書紀』にみる「経典」の伝来状況

経典名	時期	訳者	備考
勝鬘経	『紀』推古天皇十四年七月	宋　求那跋陀羅	
法華経	推古天皇十四年	後秦　鳩摩羅什	
無量寿経	舒明天皇十二年五月	曹魏　康僧鎧	
大雲経	皇極天皇元年七月	北周　闍那耶舎	
安宅経	白雉二年十二月	後漢　朱訳	
土側経	白雉二年十二月		
盂蘭盆経	斉明天皇五年七月	西晋　竺法護	
金光明経	天武天皇五年十一月	隋　宝貴	現存経典
仁王経	天武天皇五年十一月	後秦　鳩摩羅什	
金剛般若経	天武天皇十四年十月	後秦　鳩摩羅什	現存経典
薬師経	朱鳥元年五月	隋　達磨笈多	
観世音経	朱鳥元年七月	後秦　鳩摩羅什	現存経典

右の整理に知られる事例は、あくまでも中央の仏教界の状況であり、官僧統制機関の機構整備の問題である。天武期を画期として、その後に継承されるような形ができあがる。官僧の絶対数も少なく、各種の法会の遂行にも苦慮する有様であるので、得度の方法も確立していない状況ながら、多数の僧侶が生み出されることになった。この矛盾した方向は、その後「授戒」に必要な人材の確保という、きわめて技術的な問題へ進んで行くことになった(18)。

表12　「僧官」の変遷と僧侶の得度

	僧官	俗官	得度	備考
（欽明天皇十六年）			・得度（一〇〇人）	
（敏達天皇十三年）			・得度（尼三人）	善信尼他二名
（崇峻天皇三年）			・得度（尼十一人・僧一人）	
推古天皇三十二年	僧正……僧都……	法頭	・得度（僧八一六人・尼五六九人）	寺四六所
大化元年	十師	法頭		
天智元年～	僧正……僧都……	法頭……佐官		
（天智四年）			・得度（三三〇人）	間人大后没
天武二年	僧正……大僧都・小僧都……	法頭……佐官		
（天武六年）			・得度（家毎一人）	親王諸王家
（天武九年）			・得度（僧一〇〇人）	
天武十二年	僧正……大僧都・小僧都……	法頭……佐官		
朱鳥元年	「三綱」成立		・得度（僧三人）	羽田真人八国
持統四年頃		「玄蕃寮」成立		
（持統八年）			・得度（僧一〇四人）	皇女飛鳥
（持統十年）			「年分得度」制成立	
大宝元年	「僧綱」制度確立			

事務手続きの順序として、中央での実績を踏まえて地方の統制へと進行していったが、大宝元年にはじまる「国師」の派遣は、それまで比較的規制の緩かった地域の仏教にとってはありがたい政策とはいえなかった[19]。

四　東国「地域」仏教の可能性

天武十年（六八一）と考えられる「辛己歳」の紀年をもつ高崎市「山上碑」は、少なくともその段階に上毛野地域にも仏教が定着しつつあったことを如実に物語る[20]。終末期の小円墳（山上古墳）の傍らに立ち、「墓碑」としての性格が想定されているが、実際の古墳の年代観とは多少の時期差があるとの見方もある。西側にもほぼ同時期の古墳（山上西古墳）の所在が知られており、周辺は同時代・同族（佐野三家の血縁関係者）の「墓所」であった可能性がある。現状では確認されていないが、現地表で視覚的には確認しにくい「火葬墓」などの存在もあり得るのではないか。現在までに知られている同時代の当地の墳墓の存在形態からすれば、石製ないし須恵器（短頸壺）の骨蔵器になるだろう。

「山上碑」の銘文には何人かの個人がみえているが、「黒賣刀自」の子と考えられる「長利僧」は、明らかに仏教に関係している。「放光寺僧」が、親子のために揮毫したのであれば僧侶は最低でも二人いることになるが、「長利僧」＝「放光寺僧」が同一人物であれば一人しかいないことになる。やや時期差はあるが、『出雲国風土記』の寺院関係の記事に注意すれば、寺名もないような「新造院」ではなく、定額寺相当の寺院でも、ほとんど僧侶が配置されていないような状況であった[21]。

前橋市山王廃寺は、法名を「放光寺」といったことがほぼ確定している。山上碑文中にみえる「放光寺」は、大和国葛下郡に所在する片岡王寺と同名である。片岡王寺は、奈良県北葛城郡王寺町に現存し、七世紀末には存在を確認できる寺院である点で、上毛野「放光寺」と類似する。(22) 東向きの法隆寺式伽藍配置をしているという。

近年の調査・研究によって、近接する場所に所在する香芝市尼寺廃寺の実態が明らかになり、尼寺北廃寺と尼寺南廃寺で構成されることが判明した。北廃寺も東向きの法隆寺式伽藍配置で、南廃寺は南向きの法隆寺式伽藍配置を採っているという。三つの寺院は、地理的に近接していることもあって、これまでしばしば史料上で混同されることがあった。

片岡王寺は、聖徳太子の娘の片岡女王を開祖とし、百済系渡来氏族である大原史氏が関係しているという。これに対して「片岡寺」との別名をもつ尼寺廃寺は、飛鳥池木簡の寺院歴名等にみえる「波（般）若寺」とする説が有力になってきた。(23) 僧寺と尼寺とをあわせた形で「片岡寺」または「般若寺」と呼ばれてきたらしい。それらの造営に関しては、伝承的には時期的に遡及した敏達系王族が想定されているが、実際の遺構・遺物の様相からは、蘇我氏ないし上宮王家との関わりの方が注意されるらしい。「般若寺」は、蘇我日向が建立したともいわれているのである。(24)

大和国の「放光寺」と「般若寺」とは、近接していることもあり、技術や人事の面で、相互に密接に関係している可能性がある。名称の一致と壇越集団とは必ずしも関係しないのかもしれないが、「放光寺」・「般若寺」の法名は、「放光般若波羅蜜多経」（以下、「放光経」と略す）から採られている可能性があるのではないか。そのように考えられるなら、大乗仏教関係のなかでも古く位置づけられる一連の「般若経」に含まれることになり、当時挙行されていたはずの法会の内容などにも関わってくる可能性がある。(25)

「放光経」は、小乗仏教と大乗仏教とが分離した直後に成立したとみられており、大品系で最古の経典である。「智」について論じ、「空」の理解に特徴があるとされている。当初百済等から送られて日本へ伝来した経典は、「旧訳」が多かったはずだが、恐らく「放光経」も旧訳経典に属するものであったろう。[26]

その後、道昭などの活動によって、七世紀後半段階に多量な経典が新たに中国からもたらされた関係で、上毛野放光寺の整備段階では、「新訳」もそろそろ伝来しはじめる時期ではあったが、「放光経」に関してはそれ以前に伝来していたものと思われる。

また、七世紀段階から存在していた可能性がある仏教教団としては、「三論宗」・「法相宗」の二者が挙げられる。[27] 後に「南都六宗」などと称されるが、それぞれの消長は一様ではない。「三論宗」が先発して持ち込まれ、「法相宗」がそれに続いたらしい。

同時代の中央と地方との宗教的ネットワークが、どの程度のものであったかは問題だが、上毛野にあっても、中央と直結する形とされている総社古墳群や山王廃寺の様相を考慮すれば、同時期には最新の知識・技術が導入されていたとしても不思議はないだろう。

次に、現在までに知られている山王廃寺の遺構・遺物の様相に注目すると、創建段階では百済様式の素弁蓮華文軒丸瓦が僅かに確認されている。対応する軒平瓦は、当面対応する事例がないとすれば、平瓦を重ねた重弧文系の意匠になるだろう。あまりに分量が限られているので、一堂程度の簡易な施設の所在が想定されるという。あるいは豪族「居館」内部の仏堂といった風情になるのだろう【居館仏堂期】。

創建段階から代替わりをして、「居館」敷地が寺院に喜捨された段階で、当時一般に流布していたのは、隋・唐からの直接的情報を多く含んだ新羅系のそれであった。七堂伽藍が構想されるような本格的な造営段階では、軒丸瓦にも新羅系の複弁蓮華文・軒平瓦に型挽の重弧文が採用され、主要伽藍の軒先を飾ったものと思われる。

注意されるのは、塔心礎を飾ったとされる根巻石や、複数組ある石製鴟尾、大量の塑像、地鎮具としての緑釉陶器のセットなど、かなりの時間幅のなかで累積されたと考えられる、往事を偲ばせる特殊な仏具・遺物が、多数確認されていることである【伽藍仏教期】[28]。

こうした状況に注意すれば、上毛野地域にあっては、七世紀前半頃までに流入していた百済系仏教の影響は軽微で、特定氏族の個人的な信仰に留まるものであった。後続する高句麗系仏教は、百済系ないし新羅系仏教に影響を与えた形で解消され、間接的にしか関係していなかった。

したがって上毛野地域では、時期的に後発し圧倒的に情報量の多かった新羅系仏教が、七世紀後半を中心に全面的に受容された可能性がある。このことは、八世紀代に上野国の史料上で、実在が確認できる渡来人が「新羅人」であることと符合する。安中市秋間窯跡群や高崎市吉井窯跡群・藤岡市金山窯跡群など、上毛野西部地域の技術の系譜が、新羅系である可能性を示唆する。

それでも東国地域にあっては、国家に認証された「官僧」の絶対数が不足していたため、律令政府が企図した「鎮護国家」の国家仏教がなかなか広まらなかった。そのような現状への打開策として、乱立状態で教員の絶対不足していた①各「国学」を整理し、②定額の要件を満たさない寺院を併合した[29]。これらのことによって、然るべき階層に属する人材の選択肢が「官僧」に狭められたのである。

右と並行して各国国分寺の建立・整備が進められる。それらは、学僧として宗派の学問を究めて下向する中央の「官僧」の受け入れ先になるはずだった。その一方で、地方出身の「官僧」の絶対数を増やすために、中央東大寺戒壇以外に、東国地域にあっては下野国薬師寺、西国にあっては筑紫観世音寺に戒壇が設置された。

こうした急激な宗教環境の改変は、地域の宗教状況を大幅に悪化させた可能性がある。国分寺は当初の目論みどおりには機能せず、地域住民の民心の離反を招来し、南都旧仏教勢力に依拠する国分寺の施設自体も、徐々に荒廃することになっていったのである。放光般若経を根本にし、法相宗系の仏教教団の外郭に位置した可能性のある上毛野放光寺も、「山王」の地名や「日枝神社」の存在などから、何らかの形で天台系の影響を受けているとみられる。最澄の東国伝道のインパクトの大きさをうかがわせる事実であるが、その転向の過程の詳細に関しては後考に期したい。

神亀三年（七二六）の紀年を有する「金井沢碑」は、信仰上の宗派や氏族の血縁的に、直接「山上碑」と連続する仏教を信奉していたのかどうかは問題である。端的には「七世父母」(30)などの用字に示されるように、それなりの数に増殖していた可能性のある在家の信者にさえも、仏教の本質に関する理解が進歩していた可能性がある。そこでは、小なりとはいえ地域「教団」を形成していたかもしれない。そして金井沢碑にみえる人びとのそれは、前代のミヤケに結集した人的結合であった。

仏教導入を決めたヤマト王権の実効支配の領域が、その段階でどの程度のものであったかは、現状では未だ検討の余地がある。東北地方などでも、白鳳期に遡及するような古代寺院がいくつも確認されている(31)のを踏まえれば、面的な支配ではなかったかもしれないが、少なくとも点と点とをつなぐような、線的な支配は確保されていた可能性がある。そのような意味で上毛野地域は、必ずしも仏教東漸の最終末の地点ではなかった。

しかし上野国では、最初期の古代寺院である「放光寺」に後継するような寺院は僅少で、しかも下野国における「薬師寺」を中心とした技術体系にみられるような、国分寺造営にまで継続する技術の系譜があまりみられない。地域内部の政治的葛藤が予想され、国家的な梃子入れが十二分にあったかどうかの問題だけでは片づかないのではないか。

上毛野放光寺と上野国分寺とは、地理的に非常に近接して立地しているが、本来であれば経典の貸与などの形での交流などがあっても然るべきである。しかし、下野国の場合（薬師寺↔国分寺）と異なって、瓦当文様などの異質性からする、創建段階の国分寺と放光寺との間での、微妙な技術上の断絶が存在するように思われる。このことは、

「上野国交替実録帳」定額寺項の筆頭に位置づけられながら、「氏人ノ申請ニ依リ定額寺ト為サズ、仍テ除キ放チテ已ニ了ヌトイエリ」とあえて注記されるような背景と、密接に関係しているのではなかろうか。[32]

一連の総社古墳群のなかでも、愛宕山古墳にはじまる三基の方墳は、畿内地域の蘇我氏と緊密に関わるような人物が埋葬されていた可能性がある。とくに宝塔山古墳ないし蛇穴山古墳の被葬者は、上毛野放光寺の造営に直接的に関与していたとみられるが、山王廃寺の遺物に初期の百済系仏教の影響がみられるのも、蘇我氏との関係に由来していると考える。

その後の新羅系要素の増大は、当時の日羅の国際関係の疎密と連動している。国分寺造営に至る地域仏教の変遷は、とくに上野国国府周辺に関しては、中央での蘇我氏の政権中枢からの退場が、微妙な影響を及ぼすことになった可能性があると思われる。

注

（1）この問題に関する論著は非常に多いが、たとえば田村圓澄『古代朝鮮仏教と日本仏教』（吉川弘文館、一九八〇年）、中井真孝『朝鮮と日本の古代仏教』（東方出版、一九九四年）、薗田香融『日本古代仏教の伝来と受容』（塙書房、二〇一六年）等参照。
（2）田村圓澄・洪淳昶『新羅と飛鳥・白鳳の仏教文化』（吉川弘文館、一九七五年）、田村圓澄・秦弘『新羅と日本の古代文化』（吉川弘文館、一九八一年）等。
（3）田村圓澄『飛鳥仏教史研究』（塙書房、一九六九年）。
（4）鎌田茂雄『朝鮮仏教史』東京大学出版会、一九八七年）。
（5）田村圓澄『日本仏教史』4、法藏館、一九八三年）。

（6）鎌田茂雄『新羅仏教史序説』（大蔵出版、一九九八年）。
（7）田村圓澄・黃壽永『百済文化と飛鳥文化』（吉川弘文館、一九七九年）等参照。
（8）東北亜歴史財団編・田中俊明監修『高句麗の政治と社会』明石書店、二〇一二年）。
（9）中村順昭「八世紀の武蔵国司と在地社会」（『律令官人制と地域社会』吉川弘文館、二〇〇八年）。
（10）大坪秀敏『百済王氏と古代日本』（雄山閣、二〇〇八年）。
（11）拙稿「東山道『駅路』の成立」（地方史研究協議会編『交流の地域史』雄山閣、二〇〇五年）。
（12）近年、高麗郡地域の同時代の具体的内容が急速に明らかにされつつあるが、さしあたり古代の入間を考える会編『武蔵国高麗郡建郡』（二〇一六年）所収の諸論考参照。なお、由木義文『東国の仏教』（山喜房佛書林、一九八三年）は、東国地域への仏教受容に関して、七世紀後半（持統朝）を中心とする時期の新羅人を主体とする渡来人の移植・廃置を非常に重視されているが、白鳳期に遡及するような寺院の建立にあたっては、そのような人びとの果たした役割が注意されるだろう。
（13）瀬間正之『記紀の文字表現と漢訳仏典』（おうふう、一九九四年）。
（14）吉田一彦『仏教伝来の研究』（吉川弘文館、二〇一二年）。同書では、随所に各種の経典が引用されている。近時の経典原文のデータベース化によって、その活用の便宜が拡大し、仏教学と歴史学等との相互乗り入れが可能になり、研究の現段階は格段に進歩していることが示されている。なお、当時の現存経典の詳細に関しては、桃井観城『経典伝来の研究』（東方出版、一九九九年）、宮崎健司『日本古代の写経と社会』（塙書房、二〇〇六年）等参照。
（15）拙稿「吾妻郡の組成と性格」（『古代上毛野の地勢と信仰』岩田書院、二〇一三年）。
（16）鎌田茂雄『仏教伝来』（講談社、一九九五年）、鎌田前掲注（4）書等。
（17）田村圓澄「得度権の推移」・「僧官制度の成立」（ともに『日本仏教史』1、法藏館、一九八二年）。
（18）たとえば、安藤更生『鑑真』（吉川弘文館、一九八九年）。
（19）柴田博子「国師制度の展開と律令国家」（『ヒストリア』一二五号、一九八九年）、同「諸国講読師制成立の前後」（『奈良古代史論集』第二集、一九九一年）等参照。

(20) 篠川賢「山上碑を読む」、勝浦令子「金井沢碑を読む」（ともに平野邦雄監修・新しい古代史の会編『東国石文の古代史』吉川弘文館、一九九九年）。
(21) 瀧音能之「古代出雲の寺と新造院」（『出雲古代史論攷』岩田書院、二〇一四年）。
(22) 石田茂作『飛鳥時代寺院址の研究』（聖徳太子奉賛会、一九三六年）、たなかしげひさ『奈良朝以前寺院址の研究』白川書院、一九七八年）等参照。
(23) 東野治之「片岡王寺と尼寺廃寺」（『大和古寺の研究』塙書房、二〇一四年）等参照。
(24) 田中重久「王寺盆地の寺址」（たなか前掲注（22）書）等。
(25) 勝崎裕彦・小峰弥彦・下田正弘・渡辺章悟編『大乗経典解説辞典』（北辰堂、一九九七年）の「般若部」の解説による。
(26) 勝崎ほか前掲注（25）書参照。
(27) 田村圓澄「三論宗・法相宗伝来考」（『対外関係と政治文化』吉川弘文館、一九七四年年）。また、金岡秀友『仏教宗派辞典』（東京堂出版、一九七四年）参照。
(28) 以上の時期区分については、田村圓澄「氏族仏教と国家仏教」（『日本仏教史』1、法藏館、一九八二年）の編年観によっている。
(29) 拙稿「古代の教育施設」（拙著前掲注（15））。
(30) たとえば増尾伸一郎「「七世父母」と「天地請願」」（『日本古代の典籍と宗教文化』吉川弘文館、二〇一五年）。
(31) 近年の成果としては、窪田大介『古代東北仏教史研究』（法藏館、二〇一一年）、国士舘大学考古学会編『古代社会と地域間交流Ⅱ』（六一書房、二〇一二年）等参照。
(32) 拙稿「氏人ノ申シ請フニ依リ…」（群馬大学梅澤重昭教授退官記念『考古聚英』朝日印刷工業、二〇〇一年）、拙著『東国の古代地域史』（岩田書院、二〇一六年）参照。

第六章　地域仏教の生成と上野国

一　東国仏教の指導者

「神亀三年（七二六）丙寅二月廿九日」の年紀をもつ金井沢碑は、同時代の「地域の仏教」の実態を物語る非常に重要な資料であると思われるが、関連資料の僅少などの事情によって、これまで具体的な議論の俎上にのることが少なかったように思われる。(1)最近、経文聖典に関する研究環境がデジタル的に整備され、仏教学・仏教史学等の研究内容が一段階精緻なものとなりつつあるように思われる。そのような研究成果の驥尾（きび）に付して、八世紀以降の「地域の仏教」の可能性について考えてみたい。

碑文によれば、「三家」の「子孫」の人びとが、「七世父母現在父母」(2)のために、石碑を建立したという語句が重要なヒントになっていると思われるのだが、碑文の彫り込み自体が浅く、字画の確定が困難だったため、なかなか本格的に言及しにくいものがあった。同時代的には類例も多い一般的な「仏教への帰依」を記念する石碑ということになるだろうが、かなり特定の地域に限られる事例であるため、全国的な研究の検討対象というように認識されにくかった部分もある。

碑文によって都合九人の個人名が知られるが、合算の前後で二つのグループにわかれる。血縁関係などに関しては諸説あるようだが[3]、前者にあっては女性を中心に一系の三世代、後者については、全く別家の三人が「知識所結人」としてあがっている。様々な年齢構成で、男女の在家の仏教者がこれだけ集まれば、リーダーに率いられた原初的「教団」の一形態とみることができるのではないか。こうした小規模な教団が、仏堂を拠点として各種仏事によるような信仰活動を行い、仏具・経典などの貸借等を通じてネットワークを拡大していった可能性がある。

> ・現在侍：家刀自（F）・他田君頬刀自（F）・
> 　又兒加那刀自（F）・
> 　孫物部君午足（M）・次馴刀自（F）・次乙馴刀自（F）、合六口、
> ・又知識所結人：三家家人（M）・次知万呂（M）・鍛師礒ア君身麻呂（M）、合三口

こうした小規模な「教団」は、七堂伽藍を備えたような本格的寺院に帰属することもあったかもしれないが、多くの場合そのようなものとは無縁であったろう。白鳳期以前に遡及する寺院の大半は、国家によって認証された「定額寺」[4]であり、八世紀以降は一般の信者と切り離された存在になっていった。ましてや後発する国分寺などは、中央から派遣された宗教官僚によって経営されたので、地域社会からは隔絶した存在であったろう。

史料的には、出土文字資料などの偶発的な事例を除き、直接関連するものがほとんどないので、中央の動向から類推するほかないのは前代と同様であるが、招来された具体的な経典名などは飛躍的に増加しており、仏教学・文学等の周辺諸学の成果も進展しているので、それらを参考に考えてみたい。

二　鑑真の渡来

国家仏教と一線を画するような形で、古代東国地域の仏教界に影響力をもっていた人物の一人として、道忠を挙げることができる。道忠は、鑑真の弟子であったとされ、道忠の行動や思想を理解するためには、その原点としての鑑真に関する理解が必要不可欠になってくると思われる。以下、来日後の鑑真の動向を中心に整理を試みたい。

鑑真については、淡海真人三船の筆になる『鑑真和上東征伝』（以下、「東征伝」と略す）等が存在することによって、通常の同時代人（僧侶）と比較して、具体的な行動の内容がかなり詳細に知られている。(5) しかも唐招提寺には、示寂直前の姿を写したとされる乾漆像が残り、失明していたという容貌までが知られている。晩年の日常生活を送った建物跡と伝える場所さえもある。このことは、同時代の他の高名な僧侶である道昭や行基にさえみられない現象である。それぞれ教団とでも称すべき集団を形成していたが、現在に残されているような遺物の違いが、それぞれの教団の希求していたものの違いを反映している可能性はあるだろう。

鑑真は、在唐の時代にもすでに「江淮第一の高僧」と呼ばれるような立場であった。そんな鑑真が、すでに五五歳になっていた天平十四年（七四二―天宝元）段階に、栄叡・普照が揚州大明寺に来訪し、伝律授戒のための来日を要請した。鑑真の関係者のなかには、そのことをよくは思わないような人びとも存在し、実際に妨害工作なども行われた。しかし鑑真は、日本側の意図を了解し、以後一〇年間の五回にも及ぶ渡航失敗にもかかわらず、六回目にようやく渡航することができた。但し、様々な苦労の結果、来日直前に失明してしまったのである。当面問題になりそうな、来日後の足跡について、年次順に整理すれば次表のようになる。(6)

表13　来日後の鑑真年譜

年	年齢	事項	備考
勝宝五	六六	日本に到着（→太宰府）	
同六	六七	難波→河内→奈良、「伝灯大法師位」を授けられる。授戒伝律一任の詔。聖武・孝謙らに授戒。仏舎利及び西国瑠璃瓶・大小王真跡等を内裏に献上	東大寺戒壇院
同七	六八		法進、律師に任命
宝字元	六九	大僧都に任命。太上天皇供御の米塩を賜う。	
同二	七〇	官大寺に戒本師田一〇町ずつを置き、布薩料とする。備前国の墾田百町を東大寺唐禅院に施入して一〇方衆僧供養料とする。	
同三	七一	大小王真跡を大仏に献上。僧綱を辞して、大和上の尊号を賜う。	普照、街路樹を植える
同四	七二	新田部親王の旧宅を賜り、「唐律招提」を創建。	
同五	七三	平城宮東朝集殿を招提寺に施入して講堂とする。◎下野国薬師寺。筑紫観世音寺に戒壇設置。	
同六	七四		法進『沙弥十戒経疏』
同七	七五		
同八	七六	春頃より体調を崩し、七月に招提寺で示寂・火葬。	

天平勝宝五年（七五四）に六六歳であった年末に、五度に及ぶ失敗を経てようやく来日できた鑑真は、その後天平宝字八年（七六四）に七六歳で示寂したので、日本では実働十年程度であった。年表中、①天平勝宝七年、②天平宝字七年には直接関係する記事がみられないが、①については東大寺戒壇設置直後、②については「天下三戒壇」設置[7]直後ということで、授戒に関する業務繁忙が想定できる。②の後半などは、翌年につながるような体力減退も発生していた可能性がある。

来日後しばらくは東大寺（唐禅院）に居住したらしい。新たな居所となる唐招提寺の建設事業も、かなりの負担であった可能性がある。現地は新田部親王の宅地であるが、直前まで道祖王・塩焼王などの子女が居住しており、皇位継承をめぐる政変に伴う関係者の失脚と宅地の接収とを承けて建設がはじまった。[8]

新田部親王旧宅ということで、長屋王邸宅に類似したイメージの状態で「更地」ではない。不要な建物の撤去の後、建設に取りかかることになったろうが、予算の関係もあって新規の建設ではなく「平城宮東朝集殿」の転用などによる対応で、それはそれで大変なことであった。しかも、当面官大寺ではないので、施設の建設費や運営費用の財源確保に苦しんだらしい。金堂や塔の建設は難航し、鑑真が希望していた「影堂」に至っては、ついに建設されずじまいであった。

鑑真は、来日以前から中国各地に寺院を建立しており、そのような各種技術者を常に帯同していたらしい。来日に及んだ総勢二四名に及ぶ集団は、単なる僧侶だけでなく特殊な技能集団でもあったとみられる。多くの文物も持参していたらしく、来日に際しても様々な文物を招来した。それらのなかに含まれた経典類は「合わせて四十八部」あったとされる。来日後の鑑真の指向する教学の内容を示すとみられる経典類は、「東征伝」によれば次表のようになる。

これらのうち、「四分律蔵・四分律疏（法礪）・飾宗義記（鎮国道場）・行事鈔（南山宣律師）」が、普照・思託と鑑真とのやりとりによって、実際の教説に用いられたとされる。これらの内容に注意する限り、鑑真が戒律の普及に最大の目的をおいていたことが判明する。恐らくは、早期に戒律に関する理解を深めさせるため、来日直後から様々な手を打ったと思われる。その最初にして最大のイベントが、聖武天皇以下の皇室関係者への授戒になるだろう。[9]

また、鑑真の手もちの経典が、しばしば写経のために貸し出されたことが知られている。[10]鑑真によってもたらされた経典のうち、「八十花厳経・大涅槃経・大集経・大品経」の原本は鑑真の手元に残され、本人の発願により造東大寺司写経所によって写経され、講義・転読の用に供された。その弟子（法進）も「禅門・六妙門・梵網経疏・諸経要集」などを所持していたが、手放さなかったとされている。道忠によって東国にもたらされ、緑野寺に保管されていたとされる良質な一切経は、在京中にこうしたオリジナルから直接に写経されたものであったと想定できる。

右のリストのなかに、天台系の経典が含まれていることも、これまで注意されてきていることである(11)。若き日の最澄が、鑑真と交流するなかで天台系の経典に接し、その内容に引き込まれていったとされる。その後の入唐にあたっては、天台の教義を究めることが主たる目的となった(12)。

三　鑑真の系譜

鑑真には、在唐中より多数の弟子がいた(13)。弟子であるという認定の大きな部分は、授戒の有無になるだろう。

表14　「東征伝」による鑑真招来の経典類

No.	経典名	部数	備考
①	金字大芳広佛華厳経	八十巻	
②	金字大品経	一部	
③	金字大集経	一部	
④	南本涅槃経	一部四十巻	
⑤	四分律	一部六十巻	
⑥	四分疏	五本各十巻	法礪師（中疏）
⑦	四分疏	百二十紙	光統律師（略疏）
⑧	鏡中記	二本	
⑨	菩薩戒疏	五巻	智周師
⑩	菩薩戒疏	二巻	霊渓釈子
⑪	止観法門	十巻	天台
⑫	玄義	十巻	天台
⑬	文句	十巻	天台
⑭	四教儀	十二巻	
⑮	次第禅門	十一巻	
⑯	行法華懺法	一巻	
⑰	小止観	一巻	
⑱	六妙門	一巻	
⑲	明了論	一巻	
⑳	飾宗義記	九巻	定寶律師
㉑	補釈飾宗義記	一巻	
㉒	戒疏	二本各一巻	
㉓	義記	二本十巻	観音寺亮律師
㉔	含注戒本疏	一巻	南山宣律師
㉕	行事鈔（㉔〜㉖ 律三大部）	五本	同右
㉖	羯磨疏等	二本	同右
㉗	戒本疏	四巻	懐素律師
㉘	批本	十四巻	大覚律師
㉙	音訓	二本	
㉚	比丘尼伝	二四巻	
㉛	西域記	一本十二巻	玄奘法師
㉜	関中創開戒壇図絵	一巻	終南山宣律師

※傍線は、その後の教習が明記されているもの

さらに講説の講筵に連なる場合もあったろうが、「東征伝」によれば、先述の「疏・記」を講ずるために、多くの弟子が動員され、天平宝字三年頃より各所で講説に及んだという。曰く、忍基＝東大寺唐禅院、善俊＝唐招提寺、忠慧＝近江国、恵新＝大安寺塔院、常魏＝大安寺、真法＝興福寺…、といった具合である。

右の顔ぶれのなかには入っていないが、来日後の弟子の一人であるとされる道忠は、「持戒第一」の弟子とされ、鑑真の「神足」とも呼ばれて重視されていた。鑑真の日本での実働期間は十年足らずであり、その間に弟子になるための機会はさらに限られていた。あくまでも可能性の問題になるが、学問僧として在京していた道忠が、戒律を修得するために鑑真に弟子入りし、「四・五年の間の研磨」後、各地への講説のために派遣・配置されることになり、出身地である東国を担当に割り振られたのではないか。そのようにみることが許されるなら、その「研磨」は、ほぼ鑑真の来日直後から実施されていたことになり、道忠の東国での活動の開始時期も、天平宝字三年以降ということになる。通説のように、天平宝字五年の下野国薬師寺への戒壇の設置を契機に授戒の担当者に指名され、本来の出身地である東国へ戻ったと考えるのが穏当であろう。(14)

【鑑真の弟子と講説地点】

鑑真
- 忍基＝東大寺唐禅院、
- 善俊＝唐招提寺
- 忠慧＝近江国
- 恵新＝大安寺塔院
- 常魏＝大安寺
- 真法＝興福寺
- ……
- **道忠＝東国（武蔵・上野・下野）、下野国薬師寺？　→大慈寺**

先発した東大寺戒壇に加えて設置され、「天下三戒壇」と称されるようになったのは「筑紫観世音寺戒壇」と「下野国薬師寺戒壇」である。設置に関する正史の記載がなく、授戒の対象区域割も正確には伝わっていないほどであるので、政権の中枢付近で何らかの事故があったことは確実である。時期的には恵美押勝の乱が関係している可能性が高いが、仏教関係で道鏡の問題に含まれた可能性もある。沙弥満誓によって創建された「筑紫観世音寺戒壇」は、大宰府の条坊と一体的に設計されている可能性があり、公的な性格を匂わせる。それに対し「下野国薬師寺戒壇」は、下毛野氏の私寺として出発したとされており、公的な性格を付与されたことによる再編の振幅は非常に大きい。

中央での活動が知られていないこともあって、道忠の前身の詳細は不明であるが、右の事情を踏まえるならば、鑑真来日の天平勝宝五年以前から、武蔵国（ないし下野国）から貢進されて在京していた学問僧であった可能性が高い。国学の一時的廃止[15]を承けて、地域の有力者子弟の出身の可能性は、官人よりも僧侶にあったのを考えると、本来地域のしかるべき階層に属していたとみるべきだろう。

道忠は、延暦十六年（七九七）に最澄の依頼を受けて「一切経」の書写に取り組んだというが、公的活動開始の可能性がある下野国薬師寺の戒壇設置の天平宝字五年（七六一）からみると、三六年も経過している。その間の影響力の拡

【三戒壇の授戒対象地域区分】

○東大寺：畿内（大和・山背・河内・摂津・和泉）
東海道（伊賀・伊勢・志摩・尾張・参河・遠江・駿河・甲斐）
東山道（近江・美濃・信濃）
北陸道（若狭・越前・加賀・能登・越中・越後・佐渡）
山陰道（丹波・丹後・但馬・因幡・伯耆・出雲・石見・隠岐）
山陽道（播磨・備前・美作・備中・備後・安芸・周防・長門）
南海道（紀伊・淡路・阿波・讃岐・伊予・土佐）

○筑紫観世音寺：西海道（筑前・筑後・豊前・豊後・肥前・肥後・日向・大隅・薩摩・対馬・多褹・夜久）
九国三島

○下野国薬師寺：東海道（相模・武蔵・安房・上総・下総・常陸）
東山道（上野・下野・陸奥・出羽）
板東十国

※『帝王編年紀』では「東海道」を含んでいないが、他の史料での「板東十国」という記載を活かした区分を示している。

大が想定される。「一切経」の書写に際しては、大小経律論二〇〇〇巻余を助写したという。その膨大な仕事量からみて、到底個人の作業ではないだろうから、僧俗を含めた膨大な仏教関係者が動員されたことがわかる。

鑑真の弟子であるとされる道忠の弟子については、直接明示されている人物に限っても、八名ほど名前が判明している。基本的には、道忠を介して鑑真の思想の延長上に位置する人びとであったと理解できる。教興・道応・真静については、上野国緑野郡浄土寺（緑野寺）に属する僧侶である。最澄の東国伝道を、地域で受け容れた人びとでもある。遺跡を含めた浄土寺の詳細は不明だが、郡名寺院となっている。ここに良質な経典群が所在したことは、今日そうである以上に注意されるべきであろう。

広智は、下野国都賀郡大慈寺（小野寺）の僧で、大同五年（八一〇）に比叡山に赴き、止観院妙徳道場で最澄から三部三昧耶により受戒したとされる。弘仁八年（八一七）三月に、大慈寺で東国伝道に訪れた最澄から円頓菩薩大戒、同年五月に権頂を受けた。広智は、最澄の『法華経』六千部の書写のうち、東国分の下野国一千部八千巻の写経に協力した。その後、空海からも経典書写の依頼を受けたことがあったらしい。地方出身でありながら、多くの優れた弟子を通じた形で、最澄と密接な関係を保っていたことが知られることは、本人の学殖の根源とともに注意される問題である。(16)

広智の弟子である円仁（七九四—八六四）は、下野国都賀郡の壬生氏出身であった。広智とは幼少期からの旧知であった。一五歳の時、広智に伴われて最澄に会い、その弟子となったとされる。弘仁四年（八一三）に官試に合格し、翌年止観業の天台宗年分得度者となった。同七年に東大寺で具足戒を受けた。最澄の東国伝道に随行し、弘仁八年に、上野国緑野寺の法華塔前で、最澄から権頂を受けたとされる。最澄の入滅前後の消息はやや不明瞭だが、基本的に比叡山で活動していたらしい。承和二年（八三五）に入唐請益僧に任命され渡航した。在唐中は、密教受法に傾注したらしい。同十五年（八四八）に帰国するまでに天台教学に関する情報収集に明け暮れた。帰国後の嘉祥二年（八四九）にはじめて潅頂法を修し、斉衡元年（八五四）には第三代の天台座主となった。比叡山の教団の充実と教学の発展に貢献し、天台密教の確立者とされている。在唐時代の各地への旅行記『入唐求法巡礼行記』は非常に著名である。(17)

同様に、広智の弟子である安恵（七四九―八六八）は、本来河内国大県郡の大狛氏出身であった。七歳の時、広智に師事するようになり、一三歳の時広智に伴われて比叡山を訪れ、最澄の弟子となった。天長四年（八二七）に遮那経業先行の年分度者となり、一二年間の山林修行の後、承和十一年（八四四）に出羽国講師となって赴任し、天台宗の東北地方への展開に貢献した。承和十三年に比叡定心院十禅師となり、貞観四年（八六二）に内供奉十禅師から第四代天台座主となった。

【道忠の弟子】

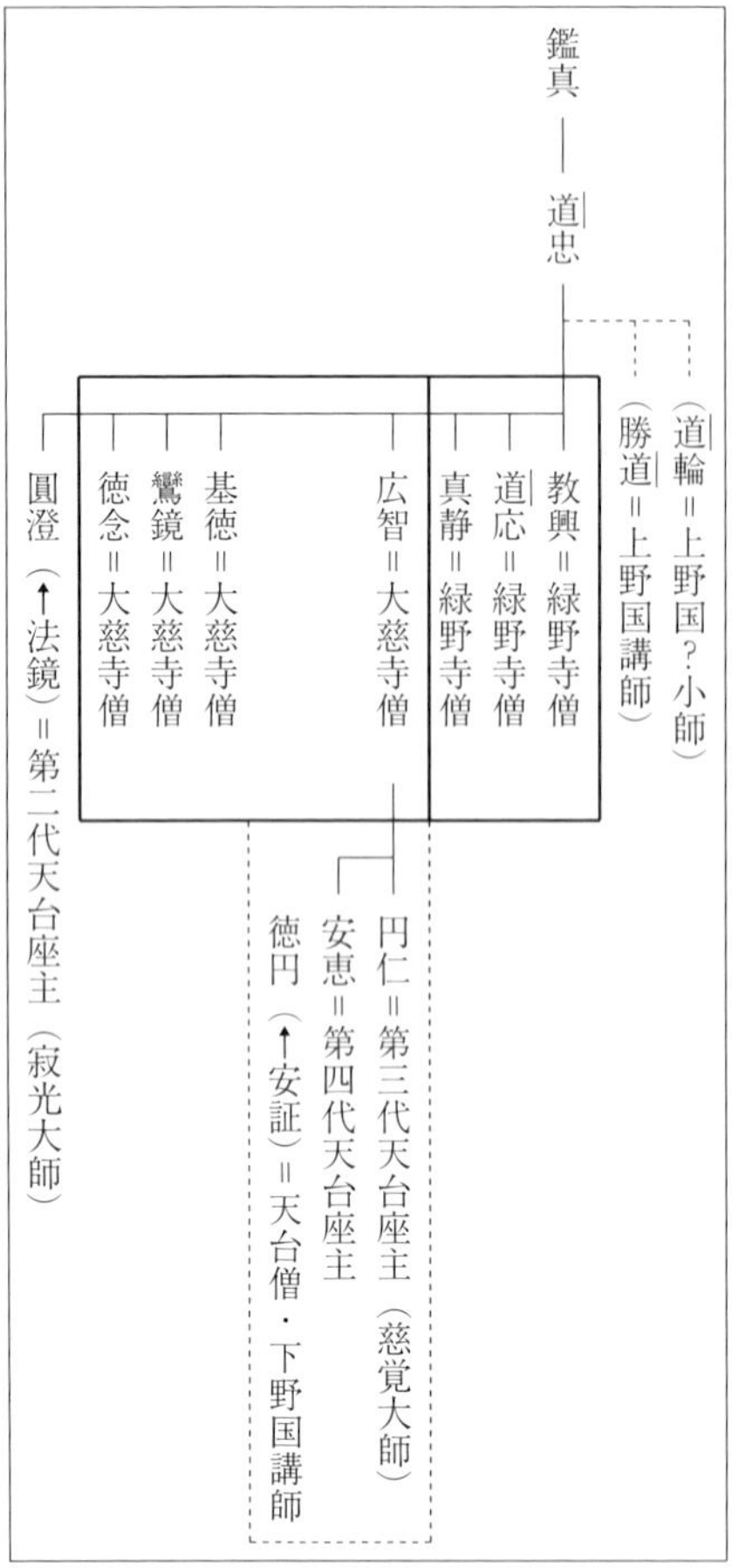

基徳・鸞鏡・徳念については、広智と同じく下野国大慈寺の僧侶であった。これらの人びとも、最澄の東国伝道を地域で受け容れた。同じく大慈寺に学んだ徳円は、下総国猿島郡の人で、俗名を刑部稲

磨といった。最澄の弟子であったが、それ以前には広智と同じく広円の弟子でもあり、世代的には広智と円仁・安恵の間に位置するかと思われる。延暦寺で地歩を構築し、教学に名を成したが、下野国講師に任ぜられたこともあり、東国地域との関係も深いものがあった[18]。

下野国関係の多くの人材を輩出した大慈寺は、別名を小野寺ともいい、都賀郡に所在した[19]。古瓦の散布などは認められるようだが、現在までのところ遺構の詳細は判明していない。遺跡の内包する歴史的重要性からすれば、早急な調査が俟たれるところである。

圓澄（七七二—八三七）は、武蔵国埼玉郡の壬生氏出身で、はじめ道忠に師事し、法鏡と称した。延暦十七年（七九八）に最澄に師事し、圓澄と改めた。同二十三年に具足戒を受戒し、翌年宮中で祈祷を行った。同年に桓武天皇の名代として権頂受法した。天長十年（八三三）に第二代天台座主となった。最澄の補佐として空海に密教を教わったが、それは最澄の死後にも継続された。比叡山西塔院を開設し、円仁の入唐を援助した。

以上の人びとには有名・無名はあるが、それぞれに弟子を養成し、俗人に教説を行っていたと思われる。中央に進出して地位を得る場合もあったが、中央で研磨して後地域に定着して活動を継続した人物が、少なからずあったことが注意される。

これらの人びとに直接・間接に関連する教典は、前代に比べると飛躍的に増加していたであろう[20]。それらの原点の一つになるだろう鑑真招来の各種情報は、最澄を天台に覚醒させ、その後の日本仏教界に大きな影響を与えたことは、改めて申すまでもない。そのような大変革に、東国地域—上野国・下野国・武蔵国の人びとが密接に関係していることは深く記憶されなければならないと考える。

四　地域仏教の「教団」化

前述のように、「放光般若波羅密多経」（以下、「放光経」と略す）は、小乗仏教と大乗仏教とが分離した比較的早い時期の大乗経典になるという。[21] 中国における漢訳も古い段階に終了し、百済ないし高句麗を経由して日本の蘇我氏の手元に到達していた可能性の高い経典である。

一方、七世紀代に蘇我氏の本拠地の一つであった「葛城（下）評」には、前述のように法名が「放光寺」・「般若寺」等の古代寺院が狭い範囲に隣接して建てられていた。直接の氏寺という訳ではなかったようだが、それらには蘇我氏の影響力が行使されていたとみられる。[22] 恐らくそれらの寺院では、「放光経」を信奉し、それに基づくような仏教行事が挙行されていたと考えられる。

右を含む諸要素を敷衍するなら、上毛野放光寺も「放光経」を護持した蘇我系の氏族の影響力の下に成立したと考えられる。「上野国交替実録帳」定額寺項に「氏人ノ申請ニ依リ定額寺ト為サス、仍テ除キ放テ已ニ了トイエリ」とするのは、過去に蘇我氏から得た情報・施設等が古くなって、新たな「定額寺」の基準に適合しなくなっていたためと考えられる。

とくに、八世紀段階になって遣唐使等に随伴した学問僧などの尽力で「新訳経典」が大量に流入し、[23] それに伴う新たな情報が、仏教の本質理解に関して資するもの大であった可能性は高いだろう。それ以前からの仏教は、政治的に利用が模索されていた「国家仏教」への適合が厳しく問われたのではないかと考える。いずれにしても、中央での蘇我氏の影響力の低下が、多かれ少なかれ関係しているだろう。

たとえば八世紀代の「蔵骨器」の採用は、仏教の浸透に関わる「火葬」の流行をうかがわせるものであるが、地点的にはかなり限られている。素材としては、石を削り出して成形したものや須恵器・土師器を転用したものがある。須恵器の短頸壺などは、用途が「骨壺」に特化している可能性がある。前代の古墳の石室に追葬されたり、墳丘上に埋納されたりする場合もあり、仏教の捉え方が一様ではなかったことを示唆している。(24)

また、右の地域と重なるような形で、かなりの頻度の「瓦塔」の分布がみられるが、「経蔵」を備えた「寺院」はおろか、「仏堂」を十分保持できないような階層でさえも、「経典」を保持・保管するようになったことを示している。瓦塔の高級な部類が「山上多重塔」のような石塔になるだろう。内部に納置されたのが、一般的とされる「法華経」なのかは問題があるが、上毛野地域に関しては早くに前述の「(大)般若経」が流布していた可能性もあり、分量が多いので適当な部分を分置するような形が採られていたかもしれない。

周知の「三乗一乗権実論争」(25)に関して、同時期に問題になった地点がこの付近にあったという点で注意される。「一乗」・「三乗」がいずれも「妙法蓮華経(法華経)」に由来することに注目すれば、右の見解は十二分に支持しうる。但し、徳一と最澄との立ち位置の違いが気になるところである。すなわち、徳一＝法相宗(三乗)、最澄＝天台宗(一乗)という色わけになっていた。論争の構図は、最澄の東国伝道に先立つ弘仁八年二月以前に徳一が仕掛け、それを論破して影響力を誇示するために、最澄自身が長躯東国地域へ赴いたことになる。逆にいえば、徳一の存在が無視できない程度に大きかったと理解できる。

これらのことは、当初から明確な「三乗(法相)」対「一乗(天台)」の対立の構造になっていたかは問題だが、八世紀以前に両者が、多少の時間差はあったにしても東国地域にまで流布し、それぞれしかるべき数の信者を獲得していたと理解できることになる。中央で研鑽した可能性の高い徳一が先発して東国地域に定着し、それ以前からある程度の下地のあった法相系の考え方を敷衍して、少なからぬ影響力を行使するようになっていった。

知られる最澄の「東国伝道」全般を通じて感じるのは、上毛野緑野寺にしろ下毛野大慈寺にしろ、白鳳期以前に遡及するような地域最有力の寺院ではないことである。各国分寺はいうまでもないが、定額寺であることが明らかな上野国「放光寺・法林寺・弘輪寺・慈広寺」や下毛野国薬師寺などは名前さえ出てこない。このことは、これらの有力寺院が論争の埒外にあり、強いていえば徳一のもつ古い情報に与するような勢力に属していたのではないかと推測させるのに十分である。日和見を決めてやり過ごすか、明らかに時代に乗り遅れて衰亡してゆくか、いずれにしても権威の失墜は免れないものであったろう。

どちらにせよ、特定地域・地点に集中するような仏教遺物は、小「教団」の影響力の及んだ範囲を示している可能性がある。「定額寺」と目される寺院跡や国分寺跡等でも「瓦塔」の分布は知られているが、そのことは逆に、内容物が所属の如何に依らず、特定の「経典」などに限られていたことを示す。同時代に地域にも流入していた可能性のある「経典」の具体的内容などを分析・理解できれば、各種遺物が分布することの意味などを明らかにできる可能性が広がってくるだろう。既存の木造塔が想定されるような場合、どのような状況で設置されていたのかも興味深い。屋外では内容物が損壊するだろうが、屋内では文字通り屋上屋を架すことになる。

現状では、仏教関係の各種資料の陰に隠れる形で非常にみえにくくなっていると思われるが、神祇祭祀に特化したような集団に属する人びとのなかには、仏教を信奉しない場合もあったと思われる。但し、仏教の情報源から隔てられた上毛野地域などでは、当初から各信仰対象が截然と分離していたかどうか問題があり、古墳時代から緩やかに接続する原始的な「神仏習合」状態にあった可能性もある。

さらに注意しなければならないのは、「仏教」に先立って「儒教」・「道教」なども日本に流入してきていたことであろう。そのような考え方は、「記紀」の表記などにあたり前のように含まれていて、仏教ほどには異質性が感得されていないようにみえる。むしろ八世紀代には、危険な思想として特定貴族層に忌避されるような存在であったとされている。(26)

右のような前提を踏まえながら、東国地域への仏教受容の形態としては、第一段階として中央の蘇我氏の影響力を介して、最初期に近い「仏教」文化の流入がみられた。同時代の仏教の内容を考慮すれば、次の段階には大乗仏教のなかでも初期の法相系の考え方が流入し、前代に高塚古墳を築造していたような豪族層を中心に、徐々に支持されるようになった可能性がある。そのような東国地域の土壌が、決定的な定着を企図する徳一の東国への移住を決意させ、新来の勢力として教線を拡大させようとする契機であったと考える。

さらに東国地域に定着した道忠を起点とする教団は、法相系後の新たな情報である天台系の知識を携えて中央から地方へと下向してきた。両者の間には大きな前後関係はなかったのかもしれない。そのことは、初期の仏教の多様性に示されている。

救済の対象が拡大されて、庶民レベルまで仏教が浸透することになるが、その際にも新旧の考え方の違いから軋轢が発生したとみられる。その段階で、教派の振興というような意識がどの程度あったのかは問題だろう。同じ仏教でありながら、主として情報の新旧の時期差による信仰内容の不一致が顕在化するなかで、徳一の積極的な論難が開始されるようになった。そのような攻撃に対して、防戦一方ではなく乾坤一擲の手段として、教団関係者の主体的な意思によって、最澄の「東国伝道」が企図されたのであった。

注

（1）尾崎喜左雄『上野三碑の研究』（尾崎先生著書刊行会、一九七一年）、高取正男「古代民衆の宗教」（『民間信仰史の研究』法藏館、一九八二年）等が先駆的な業績になるだろう。

（2）竹田聴洲『祖先崇拝』（平楽寺書店、一九五七年）、増尾伸一郎「「七世父母」と「天地請願」」（『日本古代の典籍と宗教文化』吉川弘文館、二〇一五年）等参照。

（3）関口裕子「日本古代家族の規定的血縁紐帯について」（井上光貞博士還暦記念会編『古代史論叢』中巻、吉川弘文館、一九七八年）、勝浦令子「金井沢碑を読む」（平野邦雄監修・あたらしい古代史の会編『東国石分の古代史』吉川弘文館、一九九九年）等参照。

（4）定額寺に関しては、たとえば西口順子「定額寺について」（『平安時代の寺院と民衆』法藏館、二〇〇四年）。

（5）在唐期間の鑑真に関しては、安藤更生『鑑真和上伝之研究』（平凡社、一九六〇年）。

（6）石田瑞麿『鑑真―その思想と生涯』（大蔵出版、一九五八年）、同『鑑真―その戒律思想』（大蔵出版、一九七四年）、安藤更生『鑑真』（美術出版社、一九五八年）、同『鑑真』（吉川弘文館、一九六七年）、東野治之『鑑真』（岩波書店、二〇〇九年）等。

（7）須田勉「下野薬師寺の創建と官寺化」（『日本古代の寺院・官衙造営』吉川弘文館、二〇一三年）、拙稿「下野国薬師寺の改編と古代東国の仏教」（野田嶺志編『地域のなかの古代史』岩田書院、二〇〇八年）等。

（8）たとえば、岸俊男『藤原仲麻呂』吉川弘文館、一九八七年）、木本好信「橘奈良麻呂の変」（『奈良時代の人びとと政争』おうふう、二〇一三年）等参照。

（9）本郷真紹『律令国家仏教の研究』（法藏館、二〇〇五年）。

（10）大平聡「天平勝宝六年の遣唐使と五月一日経」（笹山晴生先生還暦紀年会編『日本律令制論宗』上巻、吉川弘文館、一九九三年）、栄原永遠男「鑑真将来経の行方」（『奈良時代の写経と内裏』塙書房、二〇〇〇年）等。

（11）前掲注（6）書参照。

（12）佐伯有清「慈覚大師の師広智菩薩」（『慈覚大師伝の研究』吉川弘文館、一九八六年）。
（13）田村晃祐『最澄辞典』（東京堂出版、一九七九年）、同「道忠とその教団」（『徳一論叢』国書刊行会、一九八六年）、由木義文『東国の仏教』（山喜房仏書林、一九八三年）等参照。
（14）田村前掲注（13）著書参照。
（15）久木幸男「国学の消長と役割」（『日本古代学校の研究』玉川大学出版部、一九九〇年）、拙稿「古代の教育施設」（『古代上毛野の地勢と信仰』岩田書院、二〇一三年）等。
（16）佐伯前掲注（12）論文参照。
（17）佐伯前掲注（12）著書、及び小野勝年『入唐求法巡礼行記の研究』（法藏館、一九八九年）参照。
（18）須田前掲注（7）著書参照。
（19）須田前掲注（7）著書参照。
（20）桃井観城『経典伝来の研究』（東方出版、一九九九年）、田村圓澄『古代国家と仏教経典』（吉川弘文館、二〇〇二年）、吉田一彦『仏教伝来の研究』（吉川弘文館、二〇一二年）等参照。
（21）勝碕裕彦・小峰弥彦・下田正弘・渡辺章悟編『大乗経典解説辞典』（北辰堂、一九九七年）参照。
（22）石田茂作『飛鳥時代寺院址の研究』（聖徳太子奉賛会、一九三六年）、たなかしげひさ『奈良朝以前寺院址の研究』（白川書院、一九七八年）、東野治之「片岡王寺と尼寺廃寺」（『大和古寺の研究』塙書房、二〇一一年）等参照。
（23）薗田香融「最澄とその思想」（『日本古代仏教の伝来と受容』塙書房、二〇一六年）。
（24）高取前掲注（1）論文及び増尾前掲注（2）論文等参照。
（25）たとえば、「最澄との論争」（田村晃祐編『徳一論叢』国書刊行会、一九八六年所収）。
（26）新川登亀男『道教をめぐる攻防』（大修館書店、一九九九年）。

第七章　地域仏教の具体相と上野国

一　仏教理解の形

「延暦二十年（八〇一）七月十七日」の年紀をもつ「山上多重塔」の銘文は、かなり特殊な歴史的背景（地域仏教）に関して、決め手となるような史料のきわめて僅少な特定地方の非常に多くの情報を提供してくれていると思われる。碑文中には、地名に関する具体的な情報こそないが、年次と個人名とみられるものが明記されている。本章でとくに問題にしたいと思うのは、「延暦二十年」という年次と「小師道輪」という個人名である。

東国地域全般に共通していえることになるだろうが、現在の史料の残存状態からいうと平安時代初期の上野国は、地域独自の情報が非常に限られていた。八世紀後半から継続する絶え間ない「征夷戦争」[1]への動員が継続していた。その一方で、国家の主導による榛名山二ツ岳噴火後の火山災害[2]からの劇的復興により、徐々に形成されたとみられる、前代以来の経済的余剰の吐き出しが企図されていた。恐らくその負担がどうにかこなせていたような期間には、国史等に目立った記事はみられないであろう。しかし、続く九世紀には想定外の大災害が頻発し、官衙正倉内などに僅かに蓄えられていたかもしれない備蓄物を空洞化させるのに十分であった。

そのような時代の直前、世間の安寧を祈念して社会の各階層の発起によって盛んに写経が実施されたことが知られている[3]。巨額の財を蓄える有力者が改めて発生する一方で、不平等な社会の矛盾を抱えて爆発寸前の地域社会があった。「山上多重塔」の建立は、同時代の地域社会の必然ではあったかもしれないが、同時代の混沌と混乱とに関する理解は、今日必ずしも深まっているとはいいがたい。この点に関する現段階での私見の一端を提示してみたい。

二　「山上多重塔」とその銘文

「山上多重塔」は、基本的に三層からなる石製の層塔であり、現在の桐生市新里町山上に所在する[4]。北西方向に赤城山山頂を望む丘陵上の平坦地に、単独で建てられている。概略

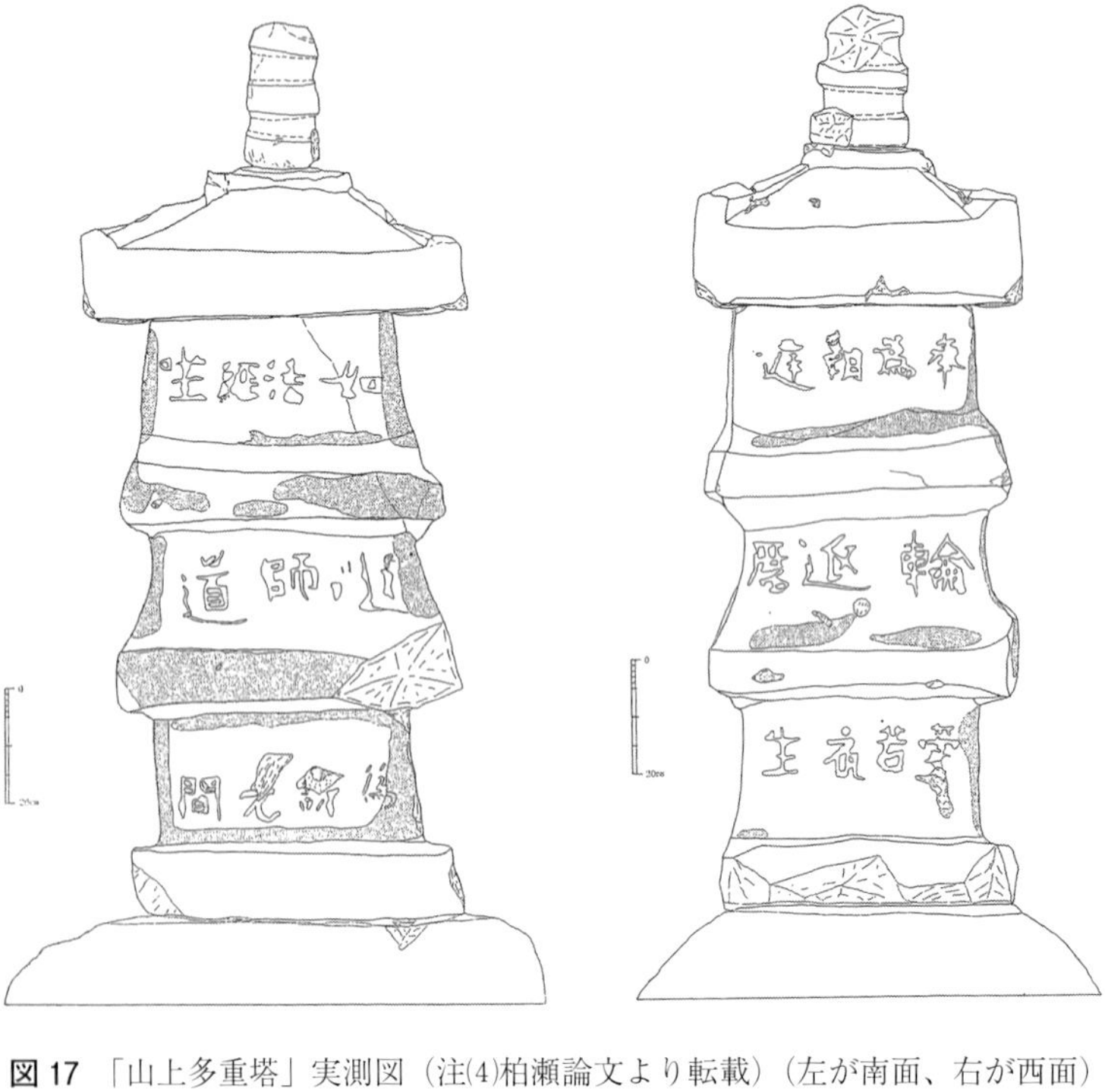

図 17　「山上多重塔」実測図（注(4)柏瀬論文より転載）（左が南面、右が西面）

の寸法で、高さ一五〇センチ・幅六〇センチを計り、天部には径三三センチ・深さ二〇センチの穴が穿たれている。やや窮屈だが、小部の経文・仏具の類を収納する空間になるであろう。全体としては小塔建築を石で再現したもので、屋根を黒色・木質部分を朱色で彩色した痕跡が明瞭に残っている。現状と異なって建立直後の印象は、木製塔婆のそれに近いものであったろう。

碑文は、現状で南面の三層目からはじまり、時計回りに下って読む。銘文を構成する文字は、粗雑で一部に字句が定まらないような部分もあるが、一面に「四字・三字・四字」の構成で、合計四五文字彫られている。非常に規格的なので、字形の稚拙さとは裏腹に、語句と内容とに関してかなり練られた銘文ということになるだろう。一つながりに続けてみれば、上のようになる（なお、傍線・網掛等は筆者による。以下、同じ）。

・「如法経坐・奉為朝庭・神祇父母・衆生含霊／小師道・輪延暦・廿年七・月十七日／為□无間・受苦衆生・永得安楽・令登彼岸」

設置場所の現況は、赤城山南麓の台地上の比較的平坦な傾斜面で、周囲の開発があまり進んでいないため、旧状に近い景観が残されている。隣接地域の発掘調査によって、時期的に近い掘立柱建物なども確認されているが、直接的な関連は不明である。むしろ、周辺の残存地名（「僧ヶ窪」）などに注意すべきものがあるとされる(5)。

桓武天皇治世下の延暦二十年（八〇一）とは、どのような年だったのであろうか。年代的には六国史では『日本後紀』の時期に属するが、『日本後紀』の該当の年次は全く亡失しており、かねてより『日本紀略』・『類聚国史』といった各種史料に引用された逸文によって復元が試みられている(6)。したがって、とくに『日本紀略』関連の記事にあっては、項目の箇条書き的な羅列に近い状態である。

○正月：一日朝賀・四日曲宴・七日授位・十六日賜物・十七日観射・二十日大宰府大野山寺の四天王法を停止・

		（南）		
坐	経	法	如	③
	道	師	小	②
間	无	□	為	①
		（西）		
庭	朝	為	奉	③
	暦	延	輪	②
生	衆	苦	受	①
		（北）		
母	父	祇	神	③
	七	年	廿	②
楽	安	得	永	①
		（東）		
霊	含	生	衆	③
	日	十七	月	②
岸	彼	登	令	①

図 18　「山上多重塔」の銘文構成
※アミは「小師道輪」の位置

皇太子献物

○閏正月：一日任官・十日任官・十五日出雲国造神賀詞奏上・十七日出雲国神宮司廃止・二十六日任官

○二月：四日住吉社神主に把杓・九日左右京職官人解由・十四日征夷大将軍坂上田村麻呂に節刀を賜う・十六日曲宴・二十八日大堰に行幸

○三月：大津に行幸

○四月：二日神泉に行幸・八日越前国で殺牛祭祀を禁止・十一日大津の行幸・十五日年勅（分度の実施について）十八日授位・十九日紀勝長宅に行幸・二十七日左右京職の健児を停止して兵士を充てる

○五月：一日日蝕・十三日勅（貢調の際、津済に舟等を置く）・十七日祈雨
○六月：三日任官他・四日神泉に行幸・十二日大宰府の隼人貢進停止・十四日大堰に行幸／多産・二十七日賜物／出雲国人流罪
○七月：十八日・二十四日大堰に行幸・二十六日祥瑞・二十八日
○八月：三日授位・十日任官（遣唐使）・十一日任官・十七日遊猟（大原野）・二十五日遊猟（栗前野）
○九月：六日遊猟（的野）・八日行幸（神泉苑）・二十五日配流（強盗人の妻）・二十六日遊猟（大原野）・二十七日坂上田村麻呂奏上（討伏夷賊）
○十月：二日遊猟（栗前野）・十三日遊猟（日野）・十九日遊猟（水生野）／伊勢国奏上（多気・度会郡司）・二十八日坂上田村麻呂に節刀
○十一月：七日詔（征夷）・九日加冠（茨田親王）等
○十二月：十三日制（諸王禄）・二十六日佐保山陵鎮祭

叙位・任官の定例行事と儀式の他に、遊猟・行幸の頻度も高い。その間に全国各地から持ち込まれる政務への対応がなされるのは、前後の時期の例年どおりといってよい。数年来問題になっており、延暦二十年に最も記事の頻度が高かったのは、「討伏夷賊」問題である。

この時期の「討伏夷賊」に関しては、坂上田村麻呂という稀有の人材を得て活発化し、実際に期待された成果もそれなりに挙がりつつあった。但し、これまでにも指摘されていることではあるが、領域の拡大やそれに伴う具体的な財貨の獲得につながらない政策としての征夷は、高邁にみえる理想とは裏腹に、基本的には連戦連敗の消耗戦の様相を呈していた(7)。また、右の碑文中にみえる「小師道輪」は、時期的には「(上野国)小(講)師」である「道輪」とい

う、何らかの手続きを経た「官僧」名を示す可能性もある。

全般的な「国師」制度の変遷[8]について、大宝二年に任用のはじまった各国「国師」は、国分寺制度の創設と拡充に伴って、徐々にその権限を拡大させていったと考えられる。八世紀後半でも桓武朝は、全般的な仏教政策の流れと軌を一にして、その転換期に位置づけられるだろう。その概要を整理すれば次のようになる。

・延暦二年（七八三）「国師」の定員を国の等級に応じて決める①
↓「国師」の定数に関する当初の規定は、現状では不明である。八世紀後半頃には、国によって三～四名が在任の場合もあった。
↓弘仁二年（八一一）に、上野国は「大国」に昇格したので[9]、以後の定員は「大・小国師各一員」に固定された。
・延暦三年（七八四）「国師」の任期を六年とする②
・延暦十四年（七九五）「国師」を「講師」と改称する③
・延暦二十四年（八〇五）「講師」に年齢制限。「読師」の新設④

各地域で「国家仏教」を体現する役職であった「国師」は、国分寺の設置時期を大きな頂点として、徐々にその地位を低下させる一方で、得度希望者の増加に伴って任官待機者も増加してきた。定員を増やし①、任官者の回転をよくするために、六年の任期を設定した②。皮肉なことに、その結果実務能力の欠如する「国師」が増加したので、講説を専らにするため「講師」と改称するに至ったのである。

桓武朝の仏教政策との関係で、「国師」の政治参加を制限するという意図もあったらしい。さらに段階が進行し、官製僧侶の絶対数が増えてくると、経典を読むだけの「読師」が設置されることになった④。この政策は、任官待機者の解消と任官者の質の低下とを調整するという、両睨みの意味をもっていた。①～④の諸政策が、非常な短期間に実施されていることが、同時代の仏教界をめぐる矛盾に満ちた環境をよく示している。

こうした「国家仏教」の変遷は、仏教信者としての民衆の期待するものとは遠くかけ離れたものであった。恐らくそのことは、本来国家統治の思想ではなかった「地域仏教」の活性化への、一つの大きな要因となったことであろう。

三　道忠と勝道

空海『性霊集』所載の「歴山水瑩玄珠碑」銘文等の記述によって、勝道の生存期間は天平七年（七三五）〜弘仁八年（八一七）であったことが知られている。これを基準としてみた場合、道忠は下野国薬師寺の戒壇設置に伴って下野国に下向した可能性があるらしい。(10) 勝道がその下野国薬師寺戒壇で具足戒を受けた時には、二七歳程度であったのを考慮すれば、道忠とは親子ほどの年齢差があった可能性がある。その段階で師弟関係が発生したのだとすれば「道忠―勝道」になるだろう。

史料的に勝道の延暦年中（七八二〜八〇六）の年齢は、四七〜七一歳であった。前述の国師制度の変遷を踏まえれば、延暦十四年以降は「講師」になるので、上野国師に在任したのはそれ以前になるだろう。諸国師は中央派遣の官僧の職域であったから、元来地域在住の勝道などは権任であった可能性もある。

いずれにしても、国師任命は、定員増が実施された延暦二年以降であった可能性が高いのではなかろうか。この間の勝道の年齢は、延暦二年（四八歳）〜同十四年（六一歳）になるから、延暦年中でも比較的早い時期の任命であったとみられる。

「道輪」については、法名に「道」字を含むことによって、北関東地方に影響力を行使した「道忠」教団の関係者であると考えられている。但し、現状で他の史料には全くみえず、当面詳細は不明とせざるを得ない。この点に関して、北関東地方を中心に大きな影響力を行使したとされるのが「勝道」である。法名に「道」字を含むので、道忠との関係も注意されるところである。

すでに指摘されているように、道忠の弟子筋には他に緑野寺僧の「道応」の存在もある。現状で「道」字の共有は、下野国（大慈寺）の関係者にはみえないので、とくに上野国（緑野寺）関係の道忠教団の支流に関するものではなかったか。年齢構成は不明だが、以上の関係を整理すれば次のようになるだろう。

○道忠┬（道輪＝延暦二十年上野国?・小師）
　　　├（勝道＝延暦年中上野国講師）
　　　└道応＝緑野寺僧

右の一連の制度改編等を踏まえると、延暦二十一年頃の段階で上野国は、仏教関係の最上位は「講師」一人であり、その下に「小講師」が臨時的にいたことになる。その場合かなりの確率で「講」を省略して通用することもあったとみられる。延暦八年とされる「総国師」補任を、仮に勝道を「官僧」の範疇に取り込む政策であるとすると、「官僧」に関する人材難の状況を裏書きすることになる。但し、「総国師」なる官名は通例に馴染まない。道輪の「小師」は単純な僭称の可能性もあるが、「小国師」の省略形でよいのかも問題である。

「山上多重塔」に関しては、必ずしもこれが単独で設置されているというわけではない。周辺地域には、同時代の葬送墓制に密接に関連する裁石切組積石室を内蔵するような終末期古墳（中塚古墳）から、近接して所在する「山上塔跡」とされる事例を頂点とした火葬骨を納めたとみられる巨大な石製骨蔵器が連続的にみられるのである。とくに後者の類例が、上毛野地域内部でもかなり集中している地点になる。(11)

表15　勝道の年譜と「道忠教団」関係関連年表

年・月・日	勝道	年齢	道忠及び教団関係者	備考
天平七・四・二十一	勝道誕生	0		
宝字五・・		26		下野国薬師寺に戒壇設置
宝字六・・	下野国薬師寺で具足戒受ける	27		
景雲元・・	補陀洛山登頂失敗（一回目）	32		
宝亀元・・		34		道鏡、下野薬師寺別当任
宝亀三・・		36	円澄、武蔵国埼玉郡で誕生	
天応元・四・	補陀洛山登頂失敗（二回目）	46		
天応二・三・	補陀洛山登頂成功（三回目）	47		
延暦二・・		48		国師の定員増
延暦三・三・	南湖に神宮寺建立	49		国師の任期六年
延暦七・四・	北涯に移住	53		
延暦八・四・四	任上野国総講師？	54		
延暦十三・・	（延暦年中に上野国講師に任）	60		
延暦十四・・		61	最澄の一切経書写を援助	国師→講師
延暦十六・・		63	円澄、最澄に入門	
延暦十七・・		64		
延暦二十・七・十七		67	円仁、広智に入門	**○山上多重塔建立**
延暦二十一・・		68		桓武天皇、天台隆興の指示
延暦二十四・・		70	安慧、広智とともに最澄に面会	講師年齢制限、読師新設
大同元・・		71		
大同二・・	補陀洛山上で雨乞いの祈祷	72	円仁、広智とともに最澄に面会	
大同三・・		73		
弘仁八・三・一	勝道入滅	82		最澄東国伝道

また、「瓦塔」の分布もこれらに重複している部分がある。それらの分布範囲は、いずれも想定される複数郡域を越えるような規模をもっている。現状では、直接関連するらしい史料はみられないが、並行して公私の写経事業の実施が知られている。[12] 定額寺級の伽藍を備えた寺院にあっては、「経蔵」も完備していて、大部な経巻でも収納できたと思われる。

しかし、非常に小部な経巻にあっては、当座雨露のしのげる小堂に、簡易な容器さえあれば収納可能であったろう。仏像よりも安価な自作の経巻を日夜転読することが、在家の信者にとっては重要な功徳であった可能性がある。

参考になるのは、「山上多重塔」内部に穿たれた収納スペースが、直径三三センチ・深さ二〇センチしかないことである。この数字は、一般的な箱形の瓦塔（下壇）に想定される収納スペースよりも窮屈なくらいである。このスペースに経典を「すし詰め」状態にしたとは考えにくい。そのような空間には、「般若心経」のような非常に軽微な経典が似つかわしいのではなかろうか。少なくとも右の遺物の様相には、その背後に何らかの意識（教義）を共有する集団（教団）が存在したのではないだろうか。その一つは、道忠に連なるような人びとであった。

四　徳一の存在

さらに、右と同時代に活動していた東国地域の巨大な存在としては、前述の徳一とその教団がある。[13] 徳一に関する論著も膨大なものがあるが、血縁関係として藤原仲麻呂の子息である可能性さえ指摘されている。少なくとも、畿内で出生し、永らく最新の仏教に関する情報に接し各種の人脈を築いた上で、あえて東国地域へやってきた人物であることは間違いない。

徳一の主たる活動拠点は、陸奥国南西部の会津郡周辺（慧日寺）と、後に常陸国筑波郡の筑波山麓（筑波山寺＝中禅寺）であるという。実際に、福島県及び茨城県の各地には、徳一の創建や関連と伝えられる寺院が多数所在する。その周辺地域では、日光山との関わりなどからみる下毛野へのかなり直接的な影響と、そこからの間接的な影響とが相互作用として上毛野や武蔵といった北関東地方の隣接地域、及び陸奥国に隣接する出羽にも及ぼされていた可能性がある。

群馬県への直接的関与の痕跡は、非常に稀少であるが、『前橋風土記』に「佐鳥山弘仁年中法相宗徳一之所立也、寺中設春日神社、為鎮守、祭祀因南都興福寺例矣」とある。所在地は「勢多郡上川溝村大字上佐鳥」の、天台宗の西光寺に相当するらしい。「山上多重塔」も所属した可能性のある勢多郡であることが注意される。

現在の西光寺の具体的な所在地としては、前橋台地上の平坦地であるが、旧利根川からの引水を企図した人工河川の可能性もある端気川の右岸に、春日神社とともに現存している。原位置を保っていないかもしれないが、両者は数百メートルの距離にあり、そのことが「寺中」を示すとすれば、西光寺は本来かなり宏壮な寺院であった可能性があることになる。

西光寺・春日神社の現地は、前橋台地上の平坦地にある微高地であり、周囲の低地には南北方向の細長い水田が連続している。かつて北東方向に位置した水田には条里型区画が明瞭に遺されており、それ以外の水田も多少区画の崩れはあるが、条里型の水田であった可能性が高い。旧利根川流路との間にかなりの比高差があって、そこから引水する技術が導入されてはじめて開田が可能な場所であった[14]。

同様な微高地は、水田地帯にモザイク状に分布している。西光寺の位置する微高地にも、かつては畑地の附属する大きな農家が立ち並んでいた。それらの農家の周囲は水路に囲まれていて、『前橋市史』第一巻に「環濠宅地」という名称で紹介されていた。現在では水路の多くは暗渠化されて、曲がりくねった道路になり、大きな農家敷地も分割されて小規模な宅地となっている。

西光寺の現況（図19参照）は、東に接して端気川が流下し、北側と西側はその端気川から引水した溝に囲まれる形になっている。南側は、かつては西側から続くやや幅広の低い水田であったが、埋め立てられて駐車場となってしまった。東西約一〇〇メートル・南北約五〇メートル程度の長方形の寺域は、中世以降の居館跡を踏襲する可能性があるかもしれない。

さらに注意されるのは、その西側に約二〇〇メートル四方程度の方形区画で、南東隅に張出しを付設する遺構が存在することである。内部は「環濠屋敷」によって分割されているが、区画としては西光寺寺域よりも精美な印象がある。寺院の営繕施設（太衆院？）のようなものの痕跡なのではないか。この付近に古墳時代の「豪族居館」の存在を想定する説もある(15)が、三ッ寺Ｉ遺跡や北谷遺跡にもみられる張出部を伴う形態を重視すれば、この部分が注目されるだろう。

西光寺に関しては、かつては伽藍を完備した寺院であったというが、火災で焼失して以後衰亡したらしい。寺伝によれば、応安三年（一三七〇）に天台宗に転換したというので、中世までは法相宗であったことになる。但し、塔跡・金堂跡といった遺構や古瓦の散布等は現状では確認できない。いずれにしても、周辺地域の寺院のかなりの部分が天台ないし真言化するなかで、法相宗の信仰が継続できたのは、この地域での西光寺の重要性を物語ると考えられるのではなかろうか。

徳一の所属宗派は「法相宗」であり、七世紀段階から東国地域に流入していたと考えられるものである。最澄の天台宗に代表されるような、すべての人に仏性があり、必ず成仏できるという「一乗思想」に対し、同時代の法相宗は、

図 19　西光寺（上・前橋市上佐鳥町）と春日神社（下・同所）

表16　「三一権実」論争の推移

年・月・日	最澄	徳一	備考
弘仁七・・	依憑天台集　↓	仏性抄	
弘仁八・・	照権実鏡	中編義鏡	（最澄東国伝道）
弘仁九・五・	天台法華宗年分学生式 守護国界章	慧日羽足	
八・二十七	勧奨天台宗年分学生式		
弘仁十・・	顕戒論・上顕戒論表		
弘仁十一・・	決権実論・通六九証破比量文↓		
弘仁十二・・	顕戒論縁起 法華秀句　↓		
弘仁十三・六・四	（没）		大乗戒壇設置許可

仏教に入れる人とそうでない人、小乗の立場の人と大乗で成仏できる人など、多様な存在が混在しているとする「三乗思想」の立場を採っていた。

七世紀後半には、一部特権階級だけであったかもしれないが、いまだ「高塚」古墳が造営されていた。その一方で、仏教も一般民衆には流布しておらず、諸豪族の居館内部の仏堂でひっそりと信仰されるような、「選良のための教養」とでもいうべき存在であった。このような社会の実態的混沌は、仏教に関する各種の立場が混在したとする「三乗思想」の状況に近似するものがあったのではなかろうか。

同時代の社会状況の変化（仏教信者の増加）からいえば、三一権実論争に関して「三乗→一乗」のように変化していたと思われる。その後、八～九世紀にかけて在家の仏教信者が多数を占めてくるようになると、同じ仏教信者のなかで「一乗→三乗」のような差別化が期待されるようになり、理想像としての「一乗思想」が語られるようになった可能性がある。

上毛野地域に関していえば、前代の大規模な自然災害の発生によって、在来の信仰及び社会組織の組成そのものが一旦壊滅した可能性があり、そのようなものに代替する心のより所の必要性が、特定の地域的な事情によって高まっていたのではなかろうか。

他方、徳一の東国移住に関しては、「法相宗」の勢力拡大というよりも、すでに受容の基盤として確立していた地域に、満を持して迎えられた可能性があると考えられるのではないか。時期的に先発していた「三論宗」と中央での相関関係という問題もある。中央と地方（東国）の法相宗とが、全く同質・同等の宗派であったという保障もない。

ちなみに、徳一の著作物として田村晃祐氏が掲出するのは、次に示す一七種である[16]。これらの著作物は、その大半が最澄や空海の著作物に、批判の対象として引用される形で残存したもので、徳一の思考の全体像のどの程度をカバーしたものであったかはかなり問題である。しかし、東国地域に古くから移入されていた可能性の高い「法相宗」の「三乗思想」の内容を具体的に示す著作物という点で、改めて注目されるのである。

①仏性抄（一巻）・②中編義鏡（三巻）・③慧日羽足（三巻）・④遮異見章（三巻）・⑤真言宗未決文（一巻）・⑥妙法蓮華経要略（三巻）・⑦妙法蓮華経肝心（二巻）・⑧妙法蓮華経権文（一巻）・⑨法華新疏（一巻）・⑩義鏡要略（七巻～）・⑪中辺義鏡残（二十巻）・⑫通破四教章（一巻）・⑬法相了義燈（十一巻）・⑭法相了義問答（二巻）・⑮成唯識論同異補闕抄（二巻）・⑯起信論寛狭章（三巻）・⑰止観論（一巻）[14]」

通信手段の問題もあり、具体的な論争は書面上で行れたのかもしれないが、徳一の居住した陸奥国恵日寺や、直接・間接に関わっていた教団内の、少なくとも親しい関係者程度は、議論の推移を知らされていたのではなかろうか。その比較的早い段階で、最澄の「東国伝道」が刊行されているのが非常に象徴的である。年表的には、勝道の入滅による地域の宗派分布の変動が予想された可能性がある。

最澄の東国伝道のインパクトの大きさに関しては、字面上の誇張とばかりみなしがたいものがある。その後のほどない最澄の死没にもかかわらず、北関東地方を中心とした地域では、今日にまで至る天台系の隆盛をみることになるからである。(17)

施設・制度としての国分寺に依拠するような「国家仏教」の全国展開以前に、「法相宗」を思想的な核とするような小教団が、東国各地に点在していた可能性がある。それらの流入経路としては、恐らく公的な道路である「駅路」を通ってくるようなことはなかった。百済・高句麗などの滅亡に伴う渡来人が直接持ち込んできた可能性も絶無ではない。そうであれば、中央の政策的フィルターを十分経ていない場合もあり得たかもしれない。

それら地域特有の変質を遂げたような仏教は、「古墳」から「仏教」へと、信仰の指標をシフトさせていった原動力となった。それらの小教団の広がりは、東国地域にも広く分布している石製骨臓器・瓦塔といった遺物の分布の疎密にも対応するものであったのではないか。受戒・得度の制度的に未整備な状態では、右の構成員のほとんどが本来「官僧」ではなかった可能性は高く、仏教以前の信仰形態の変異にも、しかるべき時間と労力とが必要であったと思われる。

近接する時期の僧侶で、法名に道教との関わりを暗示する「道」字を共有する人物の事績から、関東地方北部の同時代の宗教状況、及び平安初期上野国在住の宗教者としての「小師道輪」の可能性について考えてみた。その大きな前提には、順次「徳一（法相宗）→最澄（天台宗）」という、中央直結の仏教に関する核の移入と、それに付随するようないくつかの小教団の形成があり、在家の信者の信仰を十分教導できるような高い能力の人材が自前で発生していた可能性に留意したい。今後の遺跡調査などで確認される遺物（出土文字資料）などにも、そのような痕跡が残されている可能性が含まれるのではないか。

幸いにも「山上多重塔」所在地周辺は、近隣地域に比較すれば開発の進度がやや緩慢であるために、かつてもそのようであったろうと思われる景観が、非常によく保持されている。赤城山の山容を背負うその景観は、同時代の雰囲気を感得できるために、是非今後とも保持されてゆくことを期待するものである。

注

（1）この点に関する最新の成果としては、鈴木拓也『蝦夷と東北戦争』（吉川弘文館、二〇〇八年）、同『三十八年戦争と蝦夷政策の転換』（吉川弘文館、二〇一六年）等参照。

（2）新井房夫編『火山灰考古学』古今書院、一九九三年）、及び高橋一夫・田中広明編『古代の災害復興と考古学』（高志書院、二〇一三年）所収の諸論考等参照。

（3）この件に関する論著も多いが、たとえば宮崎健司『日本古代の写経と社会』（塙書房、二〇〇六年）、山本幸男『奈良朝仏教史攷』（法藏館、二〇一五年）等参照。

（4）千々石実「上野国山上多重塔の研究」（『群師紀要』一号、一九三四年）、柏瀬和彦「山上多重塔の基礎的研究」（『群馬県史研究』二七号、一九八八年）。

（5）小池浩平「山上多重塔」（国立歴史民俗博物館編『古代の碑』二〇〇〇年）。

（6）ここまで朝日本（佐伯有義）や国史大系本による復元が知られているが、今回は最新の成果である黒板伸夫・森田悌編『日本後紀』（集英社、二〇〇三年）を適宜参照した。

（7）鈴木前掲注（1）著書等参照。

（8）柴田博子「国師制度の展開と律令国家」（『ヒストリア』一二五号、一九八九年）、同「諸国講読師制成立の前後」（『奈良古代史論集』第二集、一九九一年）等。

（9）「国」の等級変更を検討された山田英雄氏によれば、「国師」は国毎に任命されていたとは考えにくいとする。同「国の等級について」(『日本古代史攷』岩波書店、一九八七年)。また、拙稿「『日本後紀』弘仁二年二月庚辰条の史的意義」(『群馬歴史民俗』三四号、二〇一三年)等。
(10)　由木義文『東国の仏教』(山喜房仏書林、一九八三年)参照。
(11)　高崎光司「瓦塔小考」(『考古学雑誌』七四巻一号、一九八九年)、津金沢吉茂「古代の墓制」(『群馬県史』通史編2、一九九一年)等参照。
(12)　宮崎前掲注(3)著書等参照。
(13)　高橋富雄『徳一と最澄』(中央公論社、一九九〇年)、同『徳一菩薩』(歴春ふくしま文庫、二〇〇〇年)、同『徳一菩薩(第二集)』(歴春ふくしま文庫、二〇〇一年)等参照。
(14)　拙著『上毛野の古代農業景観』(岩田書院、二〇一二年)参照。
(15)　永井智教「古代上毛野の条里と水路」(『地域考古研究』創刊号、二〇一六年)。
(16)　田村晃祐編『徳一論叢』(国書刊行会、一九八六年)に、その段階までの主要な論考が集成され、研究の到達点が悉皆的に示されている。徳一関連の著作物や史料に関しても、関連史料として活字化の上巻末に収録されている。
(17)　田村晃祐編『最澄辞典』東京堂出版、一九七九年)参照。

第八章　大寺院「食封」と上野国

一　「新抄格勅符抄」

「新抄格勅符抄」は、「大同元年（八〇六）牒」を中心とした神戸・寺封等に関する史料を集成したものとみられる(1)が、現存するのは僅かに第十巻のみである。史料として、かかる大きな制約を伴うが、しかし古代寺院に関する全般的な史料の残存状態からいえば、中央の大寺院であってさえも、その経済基盤などに関する情報は、十分残されているとはいいがたい。とくに各地域経営に関する記事にはその傾向が強い。そのような意味では、どれほど断片的で零細な情報でも、非常に貴重なものとなる。

「新抄格勅符抄」の寺封部に記された上野国関係の各寺院の寺封の規模は、上記のようなものである（括弧内は全体数）。上野国関係については、都合九

・西大寺＝二十戸（六百三十戸）・法花寺＝百戸（五百五十戸）
・妙見寺＝五十戸（二百三十戸）
・（唐）招提寺＝五十戸（百戸）・神通寺＝二十戸（二十戸）
・川原寺＝百五十戸（五百戸）
・山階寺＝百戸（千二百戸）・法隆寺＝五十戸（二百戸）
・東大寺＝四百五十戸（五千戸）
※上野国全体＝九百四十戸

カ寺の九四〇戸の封戸の存在が知られるが、それら以外の「筑紫観世音寺・知識寺・豊浦寺・葛木寺・岡本寺・小治田寺・口師寺・陳城寺・橘寺・大安寺・飛鳥寺・薬師寺・荒陵寺・崇福寺」の一四ケ寺については、項目に個別の記述がないので、少なくとも同時代の封戸は上野国内に存在しなかったと考えられる。

前後する時期の「上野国交替実録帳」等の史料によって知られる上野国の管郡数は一四郡で、公式には八六郷であったと考えられるから、単純計算では四三〇〇戸の郷戸によって構成されていた可能性がある。少なくとも同時代には、その約二割が封戸に指定されていたわけである。なお「神通寺＝二十戸」は、全部の封戸が上野国内にあったことになる。畿内近国の寺院ではなく、上野国内の寺院であった可能性もあるが、現状では詳細不詳である。

地域に関しては網羅的ではあるが、なにぶんにも情報自体が断片的な内容であるので、個別の地域史に還元できる情報も限られている。中央と地方との双方向の関係を考えるにあたって、非常に重要な要素も含まれていると考えられるので、改めて概要を確認し、その意義について考えてみたい。

二　全国的分布の動向

封戸には寺院（・神社）の他に、貴族・官人の給与などに関する事例もある(2)。但し、「新抄格勅符抄」の構成上直前に記載されている各地の神封は、頻度は高いが概して小規模で、きりのいい数字で整えるというような操作もなされていない。恐らくは、神社の鎮座地に近接する場合、実態把握が十分になされている場合が多いようである。寺封等とは基本的性格の違いを感じさせるのである。

各寺封の地域的な分布について、畿内及び筑紫観世音寺関係を除く西海道地域に関しては、全く記載されていない。

畿内に関しては、地理的な便宜から、貴族等の個人に帰属する食封が大規模に設定されているからだろう。また前述の神封の頻度も高い。したがって、各種の性格の耕地や郷戸が錯綜した状況がその前提になっている。

西海道については、神封部の各例に示されるように、大宰府管内ということで別項目が立てられ、近接する寺院の財政を賄う寺封とは別計算になっていると思われる。とくに、「化外」と位置づけられる西海道南部は、同様の東山道北辺（陸奥国・出羽国＝東北地方）とともに、封戸の設定の埒外であったとみられる。恐らくこのことは、物部氏以前の古い段階の氏族（部民）分布などと共通するものである。

国の等級によって、「小国」に対する封戸の設定が回避されているとみられる傾向も多少はあるようだが、神封などとの競合関係もあり、徹底されているとはいえない。小国の存立自体が、各種の政治的な意図によってなされている前提の一つに、国家祭祀への関与などの存在がある場合があり、そのような場合には寺封を設定する余地はほとんどなかったことになるだろう。逆に「大国」に多く封戸が設定されているかというと、やや多めに設定されてはいるが、上総国・下総国や北陸道の諸国では、逆に負担が軽くなっているようである。[3]

さらなる地域的な偏差としては、東海道の武蔵国・常陸国、東山道の上野国、山陽道の播磨国、南海道の讃岐国などに、国単位の設置上で大きな比重が認められる。基本的には各地域にあって、中核的な位置を占めるような各国が選択されているといえるだろう。

これらのうちでも武蔵国は、国自体の規模もあるだろうが、一六一五戸にも及び、全国最大規模である。武蔵国以外でも、相模国以東の東海道・信濃国以東の東山道の封戸設定の頻度は非常に高く、「東国」地域が中央の大寺院の「草刈り場」的位置づけになっていたとみられる。その根源は、七世紀以前の個別氏族レベルでの、人的・物的交流の有無が関係しているのではなかろうか。

表17　「新抄格勅符抄」の寺封部封戸の地域的分布（数字は戸数）

	伊賀	伊勢	尾張	遠江	駿河	伊豆	甲斐	相模	武蔵	下総	上総	常陸	近江	美濃	信濃	上野	下野	若狭	越前	越中	越後	佐渡	丹波	丹後	但馬	因幡	伯耆	出雲	石見
筑観音																													
西大							50		250	50		50				20	50						30						
法花					100				50					100		100					50						100	50	
知識																													
豊浦												50																	
葛木																													
岡本																										100			
小治田																													
□師				20											20														
角院																												50	
妙見												50	30			50													
招提																50													
神通																20													
陳城										50																			
橘																													
大安		100	50	50				100	100		100	100			50		100						50						
飛鳥									415		500	200			330		200		150										
川原									150			100				150													
薬師									100			100			50														
荒陵				50																									
山階					50				100						200	100							100				100		
法隆								50								50									50				
崇福													100																
東大	50		150	50	150	50	50	150	450	50	150	50	150	100	250	450	250						150	50	150	50			100

播磨	美作	備前	備中	備後	安芸	周防	紀伊	淡路	阿波	讃岐	伊予	土佐	筑前	筑後
													100	100
50	50													
50														
50														
	50													
50														
	50									50				
										50				
										50				
50				50										
							100							
										200	50			
	100				100					100	150			
50														
150	100	200	150	150	50	100	50	100	150	150	100	100		

※寺名は「寺」を省略。

こうした全国的傾向を踏まえると、上野国に設定されている中央の大寺院の寺封について、それぞれどのようなことが考えられるだろうか。上毛野地域に関しては、古墳時代以来中央との密接な関係が指摘されているが、中央起源の特異な遺物から、具体的なモノの伝来とか技術者の交流・招聘などが推測される状態である(4)。

これが仏教に由来する寺院の建立となれば、中央からの全面的な情報提供がなければ成り立たないのだから、双方向の情報交換の頻度と密度とは、従来の比ではないだろう。物や技術といったハード面についてはまだしも、僧侶・経典に関するようなソフト面の情報収集は困難をきわめたはずである。

七世紀以降、一定以上の褒賞を前提に、国家的意思に基づいて仏教振興のかけ声の下、各地の寺院建立が推進されるようになる。上毛野地域では、白鳳期の本格的寺院を建立できるような地域勢力は、非常に限られたものであった。

ここで注意されるのが、「放光寺」の運営に関与した「山上碑」にみえる佐野ミヤケの関係者である。[5]「健守」以下氏姓を欠くので、現状では具体的な氏族名は特定できないが、
①「放光寺」という寺名
②「(下)賛＝讃岐」という地名
③法隆寺封戸（片岡評山部里）の存在
などの諸条件を考慮すると、奈良盆地北西部（斑鳩地域）を中心に基盤をもった「敏達系王族～上宮王家＝蘇我氏」に密接に関係する氏族であった可能性が高い。[6]上宮王家皇族の飼養に関わる「壬生部」氏が、その外縁には位置づけられるかもしれない。その伴造的氏族である壬生部君氏等が、改めて注意される。但し現状では、これを上毛野氏関係氏族にあてるには、かなり無理がある。

三　法隆寺食封の意味

全国に散在している法隆寺封戸は、上宮王家の各地域経営と密接に関係している可能性がある。それらの地域的展開に関する史料としては、やや同時代性に乏しい部分があるが、写本ながら天平二十年（七四八）の年紀をもつ「法隆寺伽藍縁起并流記資財帳」を挙げることができる。[7]
そこに記載のある全国各地に展開している封戸等は、必ずしも設定当初から継続して伝領されているとは限らないが、制度の読み替えなどによって、永くつながりを保っていた場合が少なくなかった。地点によって、どの程度過去

に遡及させられるかも問題だが、大まかな傾向は把握できると思われるので、個々のケースについて検討してみたい（表18）。

その分布は、畿内では法隆寺の所在する大和国平群郡を中心としており、河内国〜摂津国の大和川流域にとくに集中しているのは、これまでにも指摘されるとおりである。起源の古いことが明示されている播磨国揖保郡には「斑鳩寺」があり、全体のなかでも特異な位置を占めていた。とりわけ巨大な水田が囲い込まれていたことは注目に値する。

西日本全般では、瀬戸内海を介して山陽道の播磨国〜備後国、南海道の讃岐国・伊予国に分布している。とくに、讃岐国・伊予国に関しては国内でかなりの部分を占める郡を網羅しており、上宮王家の経済基盤の相当部分が両国に負うものであった事実が如実に示されている。

右の各郡には「庄」とされるものが多数設置されていたことが判明するが、恐らくそれらは「東大寺開田図」などでは、「御宅」と表記されるものと類似したものであり、過去にさかのぼって上宮王家の地域支配にあたっての拠点であった可能性がある。

そして、右の「庄」推定地付近では、しばしば法隆寺系の軒瓦の出土が知られ、中央と地方との技術供与の関係も想定されるらしい(8)。但し、西海道地域に全く事例がないのも、同時代の中央と地方との結びつきの一端を示すといえるだろう。中央と地方との結びつき方にも各種あり、東大寺のように多数の封戸からの「あがり」に依存する場合もあれば、法隆寺のように「庄所」の経営を主体とするような場合もあった。

西日本に比較すると東日本の頻度は非常に低い。そのことは七世紀代のヤマト政権の政治的関心の方向性との一致を示している。個別の地点としては、東海道の近江国栗太郡に小規模な「庄園」が設定されていた他に、東海道の相模国足下郡倭戸郷・東山道の上野国多胡郡山部郷にそれぞれ五十戸ずつの「食封」が設定されていた。同様な封戸は他に但馬国朝来郡枚田郷・播磨国揖保郡林田郷にみられるのみである。

　東海道の交通上の重要な結節点である相模国は、「相模国封戸租交易帳」などの存在によって知られるように、当該「食封」の存在も、そのような流れに乗るものであろう。「倭戸（ヤマト）」という地名もきわめて象徴的である。相模国は関東地方の物資や人を海上交通で運搬するための、重要な拠点（国府津）になっていた。そのため、古来皇族関係者を中心に多くの「封戸」が設定されていて、国全体がヤマト政権の直轄地の様相を呈していた(9)。

　一方『日本書紀』推古十五年二月条に「定壬生部」とある。ここにみられる「壬生部」に関しては、皇族の飼養に関する部民であるので(10)、これより以前の皇子・皇女に対する壬生部設置の可能性もある。但し、上毛野地域に関しては、『日本書紀』安閑二年五月条に知られる「緑野屯

表18　「法隆寺伽藍縁起並流記資財帳」にみえる封戸等

国	郡	郷	地目・面積等	備考
右京	九条	二坊	庄1	
大和	平群	―	水田（46町9段201歩3尺6寸）・園地（15町）・池3	
		屋部	山林	
		坂戸	山林1	
	添上	―	水田（2町1段216歩）	
	添下	菅原	山林1	
		―	庄1	
河内	大県	―	庄1	
	志貴	―	水田（1町）・庄1	
	渋川	―	水田（6町2段287歩）・園地（6町）・庄1	
	更浦	―	水田（40町）・庄1	
	和泉	―	水田（45町9段）・園地（2段）・庄1	
		軽	池6	
	日根	鳥取	山林1	
		―	庄1	
摂津	西成	―	庄1	
	川辺	―	庄1	
	武庫	―	庄1	
	莵原	―	水田（31町6段288歩）	
		宇治	池1	
	雄伴	宇治	山林1	
		―	庄1	
相模	足下	倭戸	食封50戸	
近江	栗太	―	水田（21町7段144歩）	
		物部	園地（4段）・庄1	
上野	多胡	山部	食封50戸	
但馬	朝来	枚田	食封50戸	
播磨	揖保	―	水田（219町1段82歩）・山林5・池1・庄1	上宮王家以来伝領

倉[11]」の設置や同年月の「勾舎人部」の設置などがあるので、「壬生部」も設置された可能性がある。

上毛野の「壬生部」は、鏑川流域から群馬郡を経て新田郡方面に抜ける分布を示しており、先発する「物部」をトレースする形で分布している。ことによると、重要地点を点として把握していった可能性のある「蘇我（部）」と並行する形で、物部氏の支配権を蚕食しながら展開していたのかもしれない[12]。両者の協業関係を想定する必要があるかもしれない。

国	郡	
	印南	—（山林16）
	播磨	—（渚2）
	賀古	—庄1
	明石	—庄1
備後	深津	—庄1
讃岐	大内	—庄1
	三木	—庄2
	山田	—庄1
	阿野	—庄2
	鵜足	—庄2
	那珂	—庄3
	多度	—庄1
	三野	—庄1
伊予	神野	—庄1
	和気	—庄2
	風速	—庄2
	温泉	—庄3
	伊予	—庄4
	浮穴	—庄1（骨奈嶋）庄1

※太罫線は大和国平群郡及び「食封」所在郡。「庄」の下の数字は箇所数。

四　東大寺封戸

東大寺・法花寺については、地域の出先機関と化した国分寺（・尼寺）との関係を抜きには考えにくいだろう。それにしても両寺院とも上野国内に、武蔵国とともに最大規模の封戸を擁している。東大寺関係の四五〇戸にものぼる封戸は、全体でも一割近くを占める。通常の郷にすれば九郷分にもなり、令制の「中郡」相当になる。

『東大寺要録』に引く天平十九年九月廿六日勅旨によれば、伊勢国員弁郡から播磨国赤穂郡に至る一六国の二〇郡に設定された封戸を、「金光明寺宛食封一千戸」とするという。近江国三郡・駿河国二郡・但馬国二郡以外は、各国一郡である。上野国では新田郡五十戸が知られている。

なお群馬郡に関しては、平安期になっても東大寺関係の収取が継続していたことが知られている。[13] 封戸の所在の大半も、上野国内では比較的条件に恵まれた群馬郡付近や新田郡に集中していたのではなかろうか。その前提には、その負担に耐えられるような有力者の存在が問題になる。

延長六年（九二八）前後には、調庸物検納に関する何通かの文書が、「上野国衙」と「東大寺衙」との間でやりとりされている。この時期のみ残されている一連の文書は、大治五年（一一三〇）段階の目録にも記載がある特殊な史料である。それらにみえる上野国関係の人物は、次のような顔ぶれである。

・壬生常見（群馬郡綱丁）
・三村良則（部領）
・宗我清直（部領）

個々の人物に関する詳細は不明であるが、これらの人びとは上野国に在住の「在庁官人」に相当するような人びとなのではなかろうか。上野国の壬生（部公）氏は、屢述するように鏑川流域から群馬郡南部にかけて居住していたことが確実で、郡領を輩出するような家柄であった。三村氏の具体的な居住地域は判然としないが、天暦五年（九五一）の『三宝絵詞』に引く「僧妙達蘇生譚」等に「上野大掾三村正則」なる人物が知られている。宗我（部）氏については、甘楽郡に曽木郷があり、隣接し、各種の善政を敷いた「良吏」として描かれている。[14] 宗我（部）氏については、甘楽郡に曽木郷があり、隣接する新屋郷に「上戸」として宗宜部氏の居住が知られているので、八世紀段階にはしかるべき有力者として居住していたことは確実である。

以上の人物は、東大寺に職務として関係しているに過ぎないのかもしれないが、少なくとも仏教に関する各種情報に比較的近い場所で生活していた可能性はあるのではなかろうか。こうした人物のなかにも上毛野朝臣（←君）氏が含まれていないのが、非常に象徴的であると考える。

五　古代寺院の建立と封戸の設定

上野国内に封戸の存在が知られる事例のうち、「西大寺」は全部で二十戸程度しかなく、隣接する武蔵国の二百五十戸などと比較して非常に印象が薄い。平安期にみられる国分寺を介した地域経営[15]というのも、少なくとも上野国に関しては該当しないだろう。

「神通寺」（二十戸）の場合もほぼ同様である。現状では詳細不明であるが、単独寺院のすべての封戸が上野国所在ということで、ことによると上野国内のいずれかの定額寺相当の寺院にあたるのかもしれない。

「妙見寺」の五十戸に関しては、『続日本紀』宝亀八年八月癸巳条に「上野国群馬郡戸五十烟・美作国勝田郡五十烟捨妙見寺」とあり、記事そのものの意味や、美作国（勝田郡）との関係が注目される。現在、上野国分寺跡の南西に妙見寺が現存するが、畿内の妙見寺と無関係ではない可能性が高く、中世千葉氏を介した「妙見信仰」との関わり[16]も無視できないが、中央の妙見寺の地域的展開に関係する何らかの施設であると考えておきたい。そこには七世紀以前に遡及する「道教」的要素が介在している可能性がある[17]。

「川原寺」は、天武天皇の施策と密接に関係しているとされる[18]。その軒先を飾る新羅系の瓦は、壬申の乱の戦功に関係して配布された范に基づく可能性があり、各地に広く分布している。そうであれば、全五百戸中の百五十戸を占める封戸（癸酉年―六七三施入）の意味は、非常に大きなものがある。

上野国内の、川原寺系軒瓦（軒丸瓦＝複葉蓮華文＋面違鋸歯文、軒平瓦＝重弧文）を有する主要な白鳳期の寺院及び想定される造営主体を整理すれば、概ね次のようなものになる。これらは、次の段階で「定額寺[19]」に指定されて国家仏教に囲い込まれていった可能性がある。

・群馬郡―山王廃寺＝宗我部氏・壬生部君氏？・物部君氏
・佐位郡―上植木廃寺＝檜前部君氏
・新田郡―寺井廃寺＝他田部君氏？
・吾妻郡―金井廃寺＝石上部君氏

一方、先述のように「上野国交替実録帳」定額寺項等では、「放光寺・法林寺・弘輪寺・慈広寺」の四箇所の寺院名が知られている。所属郡等は明示されておらず、詳細不明である。発掘調査によって「方光」という文字瓦が発見されていることにより「山王廃寺＝放光寺」であることは動かないだろうが、それ以外の寺院に関しては明証がない。今後の調査成果に期待するものである。恐らくこれらの寺院には、近隣に運営のための「寺田」や「封戸」等が設定されていたものと思われる。

なお、山王廃寺の現在地には日枝神社があり、このことは延暦寺との関係をうかがわせるものである。最澄の東国伝道の影響力の大きさが示されている。この一点をみても、地理的に国分寺と隣接はしていても、単純に鎮護国家の仏教を受容していたかどうかを疑わせるのに十分であろう。

以上の他にも、近時の発掘調査によって各地で寺院遺構が確認され、寺名が確認されている例もある（「上田□寺」・「宮田寺」・「聖隆寺」など）。しかし、小堂であったり山岳寺院であったりして、「伽藍院（金堂・講堂・層塔・回廊）

と「大衆院（僧坊・運営機関）」等で構成されるような、大規模で典型的古代寺院となると、非常に限られたものになるだろう。

主要寺院に関して想定される創建段階の造営氏族は、正確には不明とせざるを得ないが、少なくとも次に示した氏族は、技術・情報等の提供元としての中央勢力との結びつきに関して、一般的な傾向を次のように整理できる。

・壬生部君氏？→奈良盆地北西部の敏達系王族～蘇我氏
・檜前部君氏→奈良盆地南西部の武内宿禰後裔氏族
・他田部君氏？→奈良盆地東部の物部系氏族
・石上部君氏→奈良盆地東部の物部系氏族

地方では、白鳳期以前の主要寺院が「定額寺」へ措定される場合が多く、七世紀以前の譜代氏族への特権が留保される傾向があった可能性がある。右の関係者も、中央の有力者とのつてを最大限活用したのではなかろうか。

その一方で、『日本書紀』の壬申の乱関係の記事のなかには、上毛野氏が全く関わっていないようにみえる。少なくとも、八世紀以降の上毛野氏の地域での影響力を過大に評価すべきではないのではないか。上毛野氏以外にも上毛野地域在住の郡領氏族等として、中央との少なからぬ関係を保持していた氏族があっても不思議ではない。但し、各寺院が同時期に一斉に造営されたかどうかには問題があり、仮に壬申の乱に関わっていたとしても、大海人皇子と大友皇子とのどちらに加担したのか、前者であったとしても戦功などの点で多少の格差があった可能性はある。

「山階寺（興福寺）」は、藤原氏との関係が大きい。百戸（千二百戸）という規模は、信濃国の二百戸と比べれば半分だが、東山道諸国で設定されているのは両国のみである。藤原氏主流派は、古くから上毛野氏（田辺史系）や下毛野氏（複姓）と密接に関係していたことが知られている。(20) 但し問題なのは、そのような上毛野氏等が「狭義の上毛野氏」なのか、「広義の上毛野氏」なのかということである。後者であれば、地域的な問題について、時期的に後発する要素を考えておく必要がある。

「(唐)招提寺」に関しては、封戸数の規模も小さく、現状では地域との具体的な関係を考える手がかりはほとんどない状態であり、具体的な内容の詳細に関しては今後の課題としたい。

寺院に限らず封戸(食封)の設定は、突然無関係の場所が選択される訳ではなかった。前代に公的なミヤケ(屯倉)や私的なタドコロ(田荘)として、継続的に人的・地縁的結合が成立している場所が、優先的に選択されることが多かったのではなかろうか。

そのような視点で封戸の分布を見直してみると、従来知られているような、中央と地方との結びつき以外の要素が析出できる可能性がある。とりわけ寺院が、技術的に様々な要素の複合的な工作物の集合体であること、当時の最先端の情報(仏教関係)の集積地であることなどを考慮すれば、中央の有力な政治勢力と地方の優勢な氏族との協業がなければ、全く成り立たないことが確認できる。

とりわけ、中央のどの部分の「技術」や「情報」の提供があったかについて、とくに注意したい。それはある日突然発生したのではなく、綿密な根回しの後に発生し、情報や技術を共有し、何らかの突発的な事故がない限り、半永久的に継続する統属関係に起因するものであったと思われる。

八世紀以降の「寺院」というレベルでは、とくに東大寺の経済力を中心とした影響力の大きさにも注目せざるを得ない。(21) そのことは、かなりな時間経過の下でも存続し続け、他の同格の寺院が徐々にその地位を低落させ、全国展開している「食封(封戸)」に基づくような経営が破綻してからも何らかの形で残った。古代寺院が中世的に統合・再編成されて、東大寺を頂点とするような本末体制が成立する一つの前提になるだろう。

注

（1）飯田瑞穂「新抄格勅符抄の写本と校訂」（『日本上古史研究』一―一、一九五七年）。
（2）竹内理三『奈良朝時代に於ける寺院経済の研究』大岡山書店、一九三二年）、同『日本上代寺院経済史の研究』（大岡山書店、一九三四年）以降、多数の研究がある。
（3）拙稿「『日本後紀』弘仁二年二月庚辰条の史的意義」（『群馬歴史民俗』三四、二〇一三年）。
（4）右島和夫『東国古墳時代の研究』（学生社、一九九四年）。
（5）松田猛「佐野三家と山部郷」（『高崎市史研究』十一、一九九九年）、同「上野国片岡郡の基礎的研究」（『高崎市史研究』十九、二〇〇四年）。
（6）平林章仁『七世紀の古代史』（白水社、二〇〇二年）。
（7）松田和晃編『古代資財帳集成』すずさわ書店、二〇〇一年）。なお、安祥寺の資材帳については、上原真人編『皇太后の山寺』（柳原出版、二〇〇七年）、大安寺の資材帳については、上原真人『古代寺院の資産と経営』（すいれん舎、二〇一四年）参照。
（8）鬼頭清明「法隆寺の庄倉と軒瓦の分布」（『古代研究』十一、一九七七年）、松原弘宣『古代の地方豪族』（吉川弘文館、一九八八年）、鷺森浩幸『日本古代の王権・寺院と所領』（塙書房、二〇〇一年）等参照。
（9）たとえば矢野建一「相模国調邸の性格」（『立教日本史論集』創刊号、一九八〇年）、鈴木靖民『相模の古代史』（高志書院、二〇一四年）等参照。
（10）関晃「大化前代における皇室私有民」（『日本経済史大系』（第一）古代、東京大学出版会、一九六五年）、岸俊男「光明立后の史的意義」（『日本古代政治史研究』塙書房、一九七三年）等。
（11）拙稿「緑野屯倉に関する一考察」（『群馬文化』二八九、二〇〇八年）。
（12）森田悌「東国の初期寺院」（『古代文化』四九―一〇、一九九七年）。
（13）佐藤武男「上野国における東大寺封戸について」（『群馬文化』七五、一九六四年）、同「律令行政文書にあらわれたる上野国官稲について」（『群馬文化』八九、一九六七年）。

(14) 加藤謙吉『蘇我氏と大和政権』（吉川弘文館、一九八三年）ではソガ氏に含めて考えられるかどうかが留保されている。

(15) 角田文衛「国分寺の創設」・同「国師と講師」（ともに『平城時代史論考』吉川弘文館、二〇〇七年）。

(16) 関晃『帰化人』（志文堂、一九五六年）、平野邦雄『大化前代社会組織の研究』（吉川弘文館、一九六九年）等参照。また、植野加代子『秦氏と妙見信仰』（岩田書院、二〇一〇年）。

(17) 拙稿「クルマ郡と車持氏」（『東国の古代氏族』岩田書院、二〇〇七年）。

(18) 八賀晋「地方寺院の成立と歴史的背景」（『考古学研究』二〇—一、一九七三年）。

(19) 松田猛「地方定額寺についての一考察」（『群馬県史研究』三二、一九九〇年）。

(20) 吉川真司「近江京・平安京と山科」（『皇太后の山寺』柳原出版、二〇〇七年）、拙稿『古代上毛野をめぐる人びと』（岩田書院、二〇一三年）。

(21) 岸俊男「越前国東大寺領荘園の経営」・同「越前国東大寺領庄園をめぐる政治動向」（ともに『日本古代政治史研究』塙書房、一九七三年）、堀池春峰『南都仏教史の研究』上（法藏館、一九七〇年）。

第九章　地域仏教の活性化と上野国

一　『三宝絵詞』の世界

「僧妙達蘇生譚」のテキストには数種あり、本文内容にも相互に多少の異同がある。仮名表記の『三宝絵詞』に収録されたものが時期的に先行し、内容に関しても比較的詳細である。[1] 基本的には、十世紀中頃に出羽国田川郡の竜花寺に居住したのではないかと考えられる天台僧の妙達が、死線をさまよって（入定七日七夜）蘇生した際に、地獄で見聞したあれこれの出来事を記録したという形で語られる、一連の仏教説話になる。

仏教の基準に照らして、該当者の行為が善・悪いずれかに分別される形が採られている。実際に妙達の居住した地点―出羽国田川郡は、越後国堺に近い―周辺で収集できた素材に大きな重心があるとみられる。題材の対象地は全国各地に分布しているが、そうしたなかでも東日本を舞台とする地名や個人名が、かなり具体的である。

冒頭に「天暦五年（九五一）九月十五日」という日時が示され、対象となる時点が特定されている。天暦五年頃には、承平・天慶の乱（九三五～九四〇）の記憶がまだ色濃く残っており、実際に東国地域では、平将門の血縁者などが蜂起するかもしれないという風聞が飛び交ったりしていた時期である。説話の一部に、平将門も付加的に取り上げられているが、全体としては好意的な取り上げられ方になっている。説話で話題になっているのは、主に将門討滅以前のことと考えられるので、同時期の不穏な空気を反映した地域情勢の混迷は、さらに深かったであろう。

全体を通じてとても定型化した記述であり、とくに結論で現実と乖離した物語で構成されるため、やや取り扱いの難しい部分はあるが、十世紀中葉の地域の実情を伝える部分も含まれているのではないかと思われる。上野国に関しては、やや偏りはあるものの、各階層・種類の人物が複数取り上げられている。実在が史料的に確認できるような事例はないが、それぞれの人物には同時代にあっても不思議はない存在感がある。以下、これらの件に関する現段階での若干の私見を提示してみたい。

二　上野国司

「僧妙達蘇生譚」で取り上げられた人びとの多くは、決して社会の底辺に位置するような人びとではない。それどころか、官吏・僧侶などは同時代の選良といってもよい階層出身の人びとである。それが、仏教者として良いか悪いかの価値判断に基づいて、妙達により択一的に振りわけられる。とりわけ妙達自身がそうであった天台系の僧侶に関しては、非常に厳しい評価が下されているという。上野国関係については、そこまで専門的な仏教者はいなかったようである。

実際に、上野国司に任ぜられていたような人物も取り上げられている。いずれも天暦五年以前の、過去の任官者ということになるだろう。但し、現在の史料の残存状態では、各個人の任官等の事例を、追跡的には確認できない。よい方の第一に取り上げられているのが、上野国司大掾①「三村正則」である。この直近の段階で上野国は、全国的にも例外的に「大国」に昇格し[2]、同じ東国の上総国・常陸国とともに「親王任国」が実施されていた[3]。その施策に則って国司の定員は、四等官で「太守一人（四品）―介一人（従五位下）―大掾一人（正六位下）・少掾一人（従七位上）―大目一人（従八位上）・少目一人（従八位下）―史生三（ないし五）人」の計九（ないし一一）人であった。上野国に関しては、国の等級変更もあったので、比較的近接した時期に二段階の変更があったことになる。

一般的な国の等級変更の前提には、文書主義の貫徹の影響により、行政事務の繁忙化のこともあって「兼任」が多く、権官は特定業務に従事する場合が多かった。三村正則に関しては、三等官の大掾なので、必ずしも中央から下向してきた人物ではなく、上野国の出身者であったかもしれない。

三村姓については、現状では詳細不明である。強いて関連氏族を探索すれば、景行天皇皇子の武国凝別の後裔に「御村別」がある。「御村別」は、『和気系図』等にもみえる「伊予国別」関連氏族であるとする理解もある[4]。そうであれば、伊予国出身の中央官人ということになるが、断定はできない。

三村正則が実施した善行は、次の四点である。なお、（注）とするものは、「僧妙達蘇生注記」（天治二年―一一二五―書写）にみえる場合である（以下、同じ）。

・大般若経を書写（注）
・ひどい泥（沼）の上に橋を渡す
・大河に橋を渡す
・険しい場所に井戸を掘り提供する

右の功徳によって、現在では「天帝釈」の宮で生活しているとされる。

また、上野介②「藤原雄長（惟永）」については、文中に一部欠損があって正確に文意を取れない部分があるが、「大般若経一部」「法華経百部」を書写し（?・）、菩薩の位（注：十六大国之第一長者・大国王）に至ったという。上野介なので中央官人（受領）であり、地域的属性はやや希薄である。

ここにみえる「大般若経」は、唐の玄奘が訳した経典で、日本には八世紀初頭には持ち込まれていた。恐らく上野国にも遍く知られていたであろう。主として「鎮護国家」などの利益を得るための貴族の経典である(5)。また「法華経」は、別に「妙法蓮華経」ともいい、日本で最も人気のある経典で、鳩摩羅什訳の八巻本が一般的である。同時代には、天台宗の教義形成の基礎になっていたとされる(6)。最澄の東国伝道以後の上野国にあっては、やはり一般的な経典になるだろう。

これらの善き人びとに対して、悪しき人びとについては、上野介③「藤原友連」が越後国「助通」と共同して「一切経」を書写したのだが、多くの人びとが保持していた新旧の経文を集めて、結果として人びとを苦しめることになったという話が採録されている。結局、「功徳」は企図した国司たちのものにはならず、彼らに苦しめられた人びとのものとなった。

右にみえる「一切経」とは、「大蔵経」ともいい、国司たちが「新旧の経文」を集めたことに示されるように、仏教聖典の総称である(7)。上野介と越後国在住者とが、力をあわせて写経事業に従事したことは、しかるべき規模の教団の存在を示唆している。その内容は、本来「功徳」としての価値のあるものだったが、組織の基本的な統制力が不足していたのか、方法の面で発起者自身の「功徳」には結びつかなかった。

これらの国司が具体的に行ったことは、公共事業的な土木工事・写経事業であり、本来の国司の職務の延長上にあるものである。両方をこなした三村正則は、「僧妙達蘇生譚」全体をとおしても、かなり特例ということになる。当時の社会通念上でも、特別な存在であった可能性は非常に高い。善・悪の境界線は紙一重で、方法とか業務を割り振った人物の人柄とか方法によって、同じ内容が裏表関係になると思われる。

三　有勢僧侶

説話集として先行する『日本霊異記』などによっても知られるように、すべての僧侶が期待される人間像であった訳ではない。それにしても、天台宗関係僧侶を中心に、悪い方の事例ばかりが列挙されているのは、妙達の常日頃相対している人物群の評価傾向などに関係するのであろう。

「群馬郡おほど（大戸?）寺上座（注：石殿座主）④禅音」は、石殿の傍らにある明神の料花・米・糯・油を個人的に使ってしまい、他の人に施さなかったために大蛇になって、寺の下に住み着くようになったという。古くて大きな建造物の床下に蛇が棲み着くというのは、今日でもありそうな状況である。

群馬郡の「石殿（寺）」とは、恐らく榛名神社のご神体になっている巨岩（御姿岩）であり、「明神」とはそれを包摂する榛名神社の建物のことになるだろう。(8) 当初の信仰形態では囲繞施設のみで、現存するような各種の建物を伴わなかった可能性が強い。

同時代には、上野国地域にも「上毛三山」を中心に、山岳寺院が存在していたことが知られつつある。(9) 平野部の寺院からの「場」の遷移が、信仰内容の具体的な変化を物語っている。各地域・地点に密着した神仏習合の様相が注意される。山岳寺院の前提には、仏教受容以前の巨石祭祀が実施され、定型化以前の「神（社）」が存在する場合がある。少なくとも上毛野地域では、尊崇の対象が「原点回帰」することが、同時代の「神仏習合」という形で具現化されているように思われる。現状で遺構の大半が山林に覆われているために、遺跡の全容は不明なことが多いが、基本的に国分寺の修造期の粗雑な軒丸瓦が伴う。平地の寺院とは異なって、矩形を中心にした定型的な伽藍配置はなく、平場に小堂を連ねる形の施設（群）が想定される。(10)

榛名山麓については、右の「石殿寺」の事例のほかに、水沢廃寺（渋川市）・唐松廃寺（高崎市）等が知られている。(11)いずれも礎石建・瓦葺の、複数の「仏堂」的施設の存在が確認されている。

また、赤城山には宇通遺跡（前橋市）がある。(12)後の上野国二宮でもある「赤城神」との関係などが想定されているが、「赤城神」が櫃石以来の山岳信仰に連なるものであれば、直接関係はないかもしれない。各時代の信仰対象や信仰場所の変遷に注意すべきであろう。むしろ軒丸瓦に国分寺修造段階のものを採用しており、国府・国分寺との関係が注意される。

さらに妙義山には「波己曾神」関連の遺跡群として、「波己曾岩」を包摂する妙義神社がある。(13)こちらも妙義山の巨石・奇岩に対する古い段階の山岳信仰に関係するかもしれない。

他にも優勢な村落内部の、簡易な「仏堂」相当の施設が、県内各地で遺跡調査に伴って、遺構として確認されるようになってきている。(14)複数の建物を伴うような例もあるが、一堂程度の内容や、具体的施設の確認の困難なものもあり、現状ではそれぞれの性格づけは難しい。瓦のみ確認されている場合には、宗教施設なのか生産遺跡なのか、単なる瓦礫の持ち込みなのか、分別する必要があるだろう。関東地方全般では、各地で相当な点数が確認されている「瓦塔・瓦堂」の性格づけなども問題になる。(15)

それとは別に、上野国内の大般若経を書写した庶人に含まれる形で、続けて⑤元明、⑥長祐、⑦明玄の三人が記されている。但し、後述する俗人も含めて「僧妙達蘇生注記」には全く記述がない。

三人の属性に関する「大名僧」というのは、経済活動が前提であるとみられ、富裕な階層出身者であるのは間違いない。そのことは、明らかに僧尼令の理念に反するので、「官僧」には相応ではないだろう。[16]一般の村落内に居住する優勢戸の隠居のような、私度の優婆塞・優婆夷ないし沙弥・沙弥尼になると思われる。

また、⑧膳金については「不意為人被害死」ということで、事故死に近いものであったが、「呪詛」によって殺人を犯したことに起因すると理解されている。本来、秘密裏に実施される「呪詛」のようなものが、表向きの原因に転化するのは伝聞等に相当なものがあったのかもしれない。

僧侶に関しては、所属寺院などの記載のない場合、一般村落に居住する俗人と分別不能な私度僧になるだろう。『出雲国風土記』の記述などによって知られるように、村落内の「仏堂」や「新造院」には、具体的な法名等の付けられていないような場合も多かった。

地方ではあたり前の、経典等の完備しない事例にあっては、それらの所蔵者からの貸借を活動の前提にしていた。絶え間ない書写が必要とされたはずだが、紙・墨・筆等の資材の調達や、専門的で優秀な筆記者を確保するにも、膨大な経済力が必要とされた。功徳を得るために経済力を集約することは、宗教的には脱法行為に踏み込むことになり、本来あってはならないことであった。

四　俗人有勢者

前述の、上野国内で大般若経を書写した人びととして、僧侶の他に六人の俗人が具体的に掲出されている。想定される所属地域を付して列挙すれば次のようになる。

⑨伴今行―碓日評、邑楽郡・甘楽郡

⑩伊福部安則―？
⑪市中秋宗―？
⑫山口盛吉―？
⑬清階道忠―？
⑭尾張利富―緑野郡

写経事業全体としては、前述のように他に「大名僧」と特記される僧侶三名（④元明、⑤長祐、⑥明玄）も含まれていたので、合計九人が関係していた。これら俗人の人びとも、富裕層に属したものと思われる。

個人名としての⑧～⑬に関しては、基本的に他の史料にはみえない。上野国内での居住地等に関する参考情報があるのは、⑨・⑭の二例のみであり、当面明瞭な傾向を読み取ることはできない。

⑨伴氏に関しては、弘仁十四年（八二三）に淳和天皇の避諱によって「大伴→伴」に改姓された。上野国内に関しては、古く碓日評に「大（伴）部」がおり、『続日本紀』神護景雲三年（七六九）三月甲子条では「邑楽郡の小長谷部、甘楽郡の竹田部・糸井部」がそれぞれ「大伴部」を賜姓されたのが知られている。恐らく八世紀段階以降でも、広範囲な分布が想定できる。

⑩伊福部氏に関しては、製鉄や笛吹などに関係した職業的部や、景行天皇皇子の名代とする説があるが、本件に関してはいずれとも特定できない。史料の残存状況を反映して、山陰道方面に集中的にみられ、東国地域では美濃国に存在が知られているが、現状では、上野国での具体的な分布の状況について分明ではない。

⑪市中氏に関しては、中央の史料にも全く知られていない。ウジ名が職掌に関するようなものであるならば、上野国府に附属する「（古＝フル）市」に関係して商業活動を営む物部系氏族の可能性もあるが、あくまで推測の域を出な

い。

⑫山口氏に関しては、大和国城上郡長谷郷山口の地名に由来するとされる。『新撰姓氏録』河内国神別に「道守朝臣同祖。武内宿禰之後也」とする朝臣姓の氏族と、後漢霊帝の後裔とする直→忌寸・宿禰姓の渡来系氏族とがある。それらの関係者であれば、国司として赴任し、上野国に居留するようになった中央居住の氏族であった可能性がある。

⑬清（科）階氏に関しては、中央では朝臣姓の氏族の男女が僅かに知られる程度である。八世紀後半以降、「清―」姓・「―階」姓に改姓される例がみられるが、渡来系氏族であるか、皇族臣下に関わる事例である。清階（科）氏に朝臣姓が知られることからすれば後者になるだろう。山口氏同様、国司として赴任し、上野国に居留するようになった氏族の可能性がある。

⑭尾張氏に関しては、尾張国内の郡領氏族として所在するほか、河内国内に出自の地がある。そこから出発して各地に展開し、上野国内では緑野郡に尾張郷があって、その付近に居住した可能性がある。

これらのうち、とくに⑫・⑬などにみられるように、下級の国衙官人などとして中央から下向し、そのまま地域に定着して、行政事務に関する知識・経験を活かしながら優勢化した、新たな勢力があったのではないか。恐らくその居住地は、群馬郡（国府近傍）ということになるだろう。

十世紀には、各郡内の有力者が郡領に着任せず、「郡雑任―雑色人」などの形で国衙行政のなかに取り込まれ、郡の事務全般が国衙行政と一体化したことによって、逆に空洞化したという理解がある。[17] 同時代の全国的・一般的な傾向としては、そのような理解で十分だと思われるが、各地域・地点による偏差も介在する余地があると考える。『政事要略』に引く延喜十四年（九一四）八月八日太政官符（民部省―応行雑事五箇条）の一には「諸国雑田地子」のことがみえている。直接上野国に関係した事例として、延喜六年帳所載の「闕郡司職分田八六町」がみえている。

右の史料には具体的な人数が明記されている訳ではないし、国名のない国や国毎に多寡はある。それにしても、上野国と下野国とを中心とする東国地域は、周辺諸国と比較しても多い。このことは、直接的ではないかもしれないが、各地の郡司の欠員の多さに直接関係しているのではないか。

やや時代が下るが、『小右記』万寿二年（一〇二五）三月二十四日条には、甲斐守藤原公業からの報告に、多数の「上野国郡司」の疫病による死亡を記す記事がみえる。「上野・国郡司」なのか「上野国・郡司」なのかによって大分意味が異なってくるが、とくに後者のような場合には、後任に事欠く状態であったとみられる。

それ以上に、八世紀代から続く対東北戦争への動員や、西国への防人の負担などが、地域社会の組成そのものを危うくしていたのではないか[18]。その反動として、精神的な不安を払拭する意味での、頻繁で大規模な写経事業の契機となっていた可能性がある。

以上、「僧妙達蘇生譚」のなかで上野国関連の、名前の判明する個人は都合一四人であった。その一方で、具体的な名前の判然としない例として、群馬郡おほど寺上座禅音の下りの付けたりに、妙見寺の花餅油等について「貪取⑮女人食罪、地獄無料苦悩受」という簡単な一文がある。妙見寺は群馬郡に所在[19]し、現在の寺院も上野国分寺跡の南西で、染谷川を挟んだ位置に近接してある。それが本来の位置であるかどうかは問題であるが、そうである可能性も絶無ではないだろう。

一連の「僧妙達蘇生譚」には、女性に関する記述自体は非常に少なく、身分階級に関する情報もないが、恐らく俗人になるだろう。記述に全く具体性もないのであるが、当時の宗教状況の下での、女性の位置のようなものを示すとすれば重要である。そもそも日本の仏教は、三人の女性の出家＝尼によってはじめられた。天武天皇十年（六八一）とされる「山上碑」によれば、中央に法源をもった可能性の高い上毛野「放光寺」（山王廃寺）にも、「（某）黒売刀自」

という女性が深く関与していた。

さらに世代を重ねた神亀三年（七二六）の「金井沢碑」においても、今は亡き「七世父母」[20]に加えて、「現在侍る家刀自」として「他田君目頬刀自・他田君加那刀自・物部君馴刀自・物部君乙馴刀自」という複数の女性たちが関与していた。少なくとも初期の地域仏教に関して女性は、男性と同等以上の位置を占めているのである。

これらの事実は、これまでいわれているように、同時代以前の東国上毛野の社会的組成に関係していたのかもしれないが[21]、それ以上に古代の地域仏教の基本的属性―より原初の形に近いあり方を表示している可能性が高いのではなかろうか。

一連の「僧妙達蘇生譚」について、十世紀代の「地域の仏教」をめぐる宗教状況に関する記述としては、非常に偏っていて断片的であるが、検討の出発点となる史料自体が全く欠落している現状では、貴重な情報を多数内包していると考えられる。同時性にやや問題は残るが、右の各階層の人物群は、同じ天台系ということで、最澄の東国伝道以来発生した地縁的結合に基づく「教団」の構成員であったかもしれない。但しそうであったにしても、信仰の熱意には差異が発生し、私的な契機を中心に横並びにはなり得なかった可能性が高い。

問題なのは、十一世紀の「上野国交替実録帳」の随所にみられるような非常に衰退した宗教状況は、突然発現した訳ではないのである。また、地域仏教の本質ともいえる、国分寺や定額寺に依らないような宗教活動のあり方にも、十分注意が必要になるだろう。

こうした「地域仏教」の活性化は、中世の新仏教の隆盛の前提なのか、古代仏教の最後の煌めきなのかは判断に迷う部分がある。近時、畿内地域を中心とした西日本に対抗しうる、潜在的な地域のエネルギーを高く評価する傾向があるが、個々に構成国の「等級」や、それらを構成する各郡の内容を勘案すれば、そのことは改めていうまでもない自明の内容に近い。畿内近国の権威を留保する説得力の具体相こそが、分析の俎上に載せられるべき内容になるのではなかろうか。

注

（1）「僧妙達蘇生譚」の内容に関しては、菅原征子「僧妙達の蘇生譚に見る十世紀の東国の仏教（1）・（2）」（『日本古代の民間宗教』吉川弘文館、二〇〇三年）に簡潔な整理及び詳細な分析がある。以下、とくに断らないが、適宜同書を参照している。

（2）拙稿「『日本後紀』弘仁二年三月庚辰条の史的意義」（『群馬歴史民俗』三四号、二〇一三年）。

（3）安田政彦『平安時代皇親の研究』（吉川弘文館、一九九九年）に「親王任国制」に関する研究の現段階が整理されている。

（4）松原弘宣『古代の地方豪族』（吉川弘文館、一九八八年）参照。

（5）大般若経書写に関しては、田村圓澄『古代国家と仏教経典』（吉川弘文館、二〇〇二年）参照。

（6）法華経書写に関しては、田村圓澄『法華経と古代国家』（吉川弘文館、二〇〇五年）参照。

（7）一切経書写に関しては、増尾伸一郎「東国における一切経の書写と伝播」（『日本古代の典籍と宗教文化』吉川弘文館、二〇一五年）、上川通夫『日本中世仏教形成史論』（校倉書房、二〇〇七年）参照。

（8）川原嘉久治「延喜式内社上野国榛名神社遺跡をめぐって」（（財）群馬県埋蔵文化財調査事業団『研究紀要』八、一九九一年）。

（9）山岳寺院を含む関連遺跡について、時枝務『山岳考古学』（ニューサイエンス社、二〇一一年）に、主要遺跡の紹介と、当時の段階での調査・研究が悉皆的に集成されている。

（10）同時代の仏教の具体的様相に関しては、薗田香融「古代仏教における山林修行とその意義」（『平安仏教の研究』法藏館、一九八一年）、西口順子「九・十世紀における地方豪族の私寺」（『平安時代の寺院と民衆』法藏館、二〇〇四年）等参照。なお、上野国内での具体相の概要に関しては、群馬県教育委員会『信仰の道』（二〇〇一年）に、既往の成果の集成・整理を試みたことがある。

(11) 川原嘉久治「西上野における古瓦散布地の様相」・「榛名山麓の古代寺院Ⅱ」（（財）群馬県埋蔵文化財調査事業団『研究紀要』十・十一、一九九三年）。

(12) 石川克博「宇通遺跡をめぐる二、三の問題」（『群馬文化』一九七号、一九八四年）等参照。

(13) 川原前掲注（11）論文参照。

(14) その性格づけに関しては、笹生衛『神仏と村落景観の考古学』（弘文堂、二〇〇五年）、同『日本古代の祭祀考古学』（吉川弘文館、二〇一二年）等参照。

(15) たとえば、高崎光司「瓦塔小考」（『考古学雑誌』七四巻一号、一九八九年）参照。

(16) 「官僧」に関しては、佐久間竜『日本古代僧伝の研究』（吉川弘文館、一九八三年）の理解による。

(17) たとえば、山口英男「十世紀の国郡行政機構」（『史学雑誌』一〇〇編九号、一九九一年）。

(18) 拙稿「中央官人と地方政治」（『信濃』六七巻七号、二〇一三年）。

(19) 植野加代子『秦氏と妙見信仰』（岩田書院、二〇一〇年）参照。

(20) 増尾伸一郎「『七世父母』と『天地請願』」（平野邦雄監修・あたらしい古代史の会編『東国石文の古代史』吉川弘文館、一九九九年）。

(21) たとえば、勝浦令子「金井沢碑を読む」（平野監修前掲注（20）書所収）。

第Ⅲ部　生業

第十章 「糸↓布」生産と上野国

一 稀有の遺跡

矢田遺跡は、群馬県西部の多野郡吉井町（現在、高崎市）に所在した。上信越自動車道吉井インターチェンジ建設に先立って、一九八六年から九二年にかけて（財）群馬県埋蔵文化財調査事業団によって調査され、九万平方メートルに及ぶ調査面積に、旧石器時代から近現代に至る多数の遺構・遺物が検出された(1)。その後も隣接地域などで追加調査が実施されている。

調査の早い段階で「物部郷長」「八田郷…」などと記された刻字石製紡錘車が出土したので(2)、有力居住者として物部氏が居た集落であり、和銅四年（七一一）に立郡された多胡郡の構成要素で、『続日本紀』にもみえる「八田」郷の何らかの部分であることが、予め承知された上で調査が実施できた。周辺には奈良時代を中心とする同時代の遺跡が濃密に分布し、多胡碑を含む「上野三碑」も同郡内の至近距離にあって、東国地域の一般的な古代の集落遺跡としては、史料的に恵まれた条件にあった(3)。

二　高崎市矢田遺跡の調査

矢田遺跡は、鏑川右岸の南北方向に深い開析谷によって分断された中位段丘面全体に展開する集落遺跡で調査範囲に関しては弥生時代に一時空白があるが、縄文時代中期・古墳時代以降平安時代に至るまでの七五〇軒にも及ぶ竪穴住居跡が検出されている。古墳時代後期以降住居跡数が急激に増加するが、広範囲に調査した割には官衙的な区画や遺構は認められず、竪穴住居跡の軒数に比べて倉庫などの掘立柱建物跡は著しく少ない。出土文字資料なども、いくつかの目立った事例によって多数検出された印象があるが、検出された遺構数からすれば多いとはいえない。群馬県内の同様の遺跡と比べて異質な要素はとくにないのである。

一二一号住居跡は、調査区の西寄りで西向きの緩斜面にあった東西四・六五メートル、南北六メートルの長方形を呈する平安時代の竪穴住居跡であった。中央部に貼床が施され、竈は東南隅に近い東壁にあったが、柱穴・周溝は検出されなかった。耕作によって破壊されていたこともあり、特別な造作もなく規模もとくに大型ではない。

この住居跡の最大の特色は、平安時代の住居跡にしては珍しく火災に遭っていたことで、上部構造が崩れ落ちて多量の焼土が堆積した状態になっていた。その結果、土器など無機的遺物の他に、住居内部にあった有機物が蒸し焼きになり、通常の住居跡の調査では検出されない遺物が発見された。報告書では、床面に炭化米・小豆状の豆類が混在した部分と、数種類の大型の種子がまとまった部分とがあり、食用に持ち込まれたものと想定されている（種類などの詳細は不詳）。

それら以上に注目されるのは、炭化した繊維が出土したことである。非常に脆い状態だったが、薬剤で固定した上

で分析を依頼した[4]。その結果、互いに重なりあってみえた繊維の塊は、

①平織の絹（折りたたまれている）

②絹の真綿

③平織の植物繊維

④平織の繊維（絹か）

という複雑な内容の物品であることが判明した。とくに①は、赤と青とに着色された糸が織り込まれていて、全体としては紫色にみえる布であったらしい。相互に挟み込まれた状態は、本来衣服に縫製されていた可能性もある。平安期とはいえ紫色は、身分表示の意味も大きかった貴族の衣服（朝服・礼服）では高位相当の色である[5]。

分析前の予想では、前近代の農民の一般的な衣料素材を想定していたが、一部を除き絹だったのは意外であった。何の変哲もない集落の、普通の竪穴住居跡から絹製品が出土したことは、この集落が直接徴税対応の布生産と関わっていた可能性を示す。貨幣が十分流通しなかった古代の地方では、布類は米とともに貨幣的性格を付与され、租税としても重要な位置を占めていた。しかも、時代が下るほどその価値は上がっていった。

右に関係するとみられる、矢田遺跡を特徴づける出土遺物には紡錘車がある。紡錘車は、弥生時代以降の遺跡でよくみられる繊維生産関係の遺物で珍しくはないが、矢田遺跡の調査規模を差し引いても、単独の遺跡としては出土頻度が非常に高い。調査の結果紡錘車を伴う住居跡が、八世紀後半には三軒に一軒、九世紀前半には二軒に一軒の高率でみられた。この場合、一軒から複数出土した場合はとくに考慮されていない。最も多い素材は石製だが、破損した土器の底部を転用した物を含む土製品や、時代が下れば金属製のものもある。使用の段階としては、未製品のほか破損品もあった。当面、使用痕の分析などは行っていない。

図 20　矢田遺跡全体図（発掘調査報告書より転載）

群馬県全体の出土紡錘車の状況と矢田遺跡とを対比的に検討すると、時期的な変遷に差異があることがわかる。[6] 群馬県全体としては、九世紀後半段階に急激に個体数の増加をみている。これに対して矢田遺跡では、七世紀後半段階から漸増して九世紀前半にピークがある。矢田遺跡の動向が、群馬県全体に先行して個体数の増加をみているのである。

多数の紡錘車が出土したことは、多数の糸を製作する能力があったことを示すので、布生産に直結しないのかもしれないが、想定される国衙工房などへ原料の供給ができたということは認められるだろう。増加分のかなりの部分は、自家消費対応分を上回っている可能性が高いので、貢納への対応と考えられる。前述の特異な絹製品の出土とあわせ、地域内部では、養蚕も含む総体としての繊維生産に関して指導的な立場を占めていたとみてよいのではないか。

また、矢田遺跡の南側の丘陵地帯には窯業遺跡が展開しており、上野国分寺の創建段階と補修段階とに瓦を供給していたことが知られている。[7] これらのことは、多胡郡の設置が律令国家の地域産業振興的性格をもっていた可能性を示す。[8]『続日本紀』和銅六年（七一三）五月癸酉条と、これに対応した同七年正月甲申条の、調として「絁を輸す」という記事との関係が注意される。「布を輸す」という在来の徴税方法を読み替えて、租税制度に手を入れたのがこの政策であったと考える。

三 矢田遺跡の地域史的意義

矢田遺跡が所在した高崎市吉井町は、平成の大合併以前には。多野郡に属していたが、これは多胡郡＋緑野郡の合併により成立し、それぞれから一字ずつを取って命名された。また、明治期の町村合併以前には多胡郡に属していたが、この多胡郡は和銅四年（七一一）に成立したことが知られ、それを記念して建てられたのが所謂①「多胡碑」と呼ばれるものであった[9]。これとほぼ同様の内容は②『続日本紀』の記事にもみえている（以下、史・資料の典拠は①②…で示す）。

本来の機能は、中央政府の命令を地方官司に下達するための命令文書であったと考えられるので、そのような装丁に基づいて①「多胡碑」及び②『続日本紀』の記事に関する書き下し文（案）を示せば次のようになる。

①「多胡碑」
弁官符す（上野国司：平群朝臣安麻呂）
上野国の片岡郡・緑野郡・甘／良郡三郡の内三百戸を并せて郡と成し（給羊）
／多胡郡と成せ。
和銅四年三月九日甲寅
宣、左中弁正五位下多治比真人
太政官二品穂積親王、
左太臣正二・位石上尊、
右太臣正二位藤原尊

②『続日本紀』和銅四年三月辛亥（六日）条
（前略）上野国甘良郡織裳・韓級・矢田・大家、緑野郡武美、片岡郡山（部）等六郷を割いて、別に多胡郡を置く。

以上によって知られるように、多胡郡は現在の高崎市と藤岡市とにまたがり、烏川と鏑川との合流点付近に大宝律令の時代に設置された郡である。他の郷（里）名と同様に、矢田（＝八田）という地名は八世紀初頭段階まで遡及する可能性の高いもので、現在の大字矢田はその遺称地であるとみられる。①・②とも周知の史料であり、これらをめぐる研究史も様々な観点から非常に多く蓄積されている。矢田遺跡の発掘調査は、①の近接地の調査例としては、当時最大の規模であり、これに関連する遺物の発見が期待された。

また、多胡郡の郷の構成については、やや時代が下るものの③『倭名類聚抄』郷名が参考になり、ここにも「八田」

③『倭名類聚抄』郷名（高山寺本を改変）
多胡郡
山字（也末奈）　織裳（於利毛）　辛科（加良之奈）　大家　武美　俘囚　八田

という地名がみられる。

なお、「山字→山名」・「織裳→折茂」・「辛科」・「八田」の四郷は、一部表記を変えて残存しているが、「大家・武美・俘囚」は残存していない。大武神社の存在から、「大家・武美」は「八田」の東に隣接する形であったと考えられているが、確証はない。「俘囚」は、いずれかの郷ないし郡に付された注記の可能性がある。

また、④正倉院宝物銘文に多胡郡関連の事例が一点ある。

④正倉院宝物銘文（上野国印の印型は省略）
上野国多胡郡山部郷戸主秦人〔切断〕高麻呂庸布壱端　長四丈二尺
広二尺四寸

さらに⑤上野国分寺出土瓦銘がある。[10] 上野国分寺は、武蔵国分寺などと並んで文字瓦の出土が目立っていたが、史跡整備に伴う発掘調査等によってその全体像の概要が知られるようになった。二千点以上が知られているが、その内容は一様ではない。当該調査報告書の整理によれば、図22のようになるらしい。

これらのうち、とくに問題になるのが、最も点数の多いI—Bである。この型の所属年代は、押印のタイプの大半が属するとみられる創建期ではなく、平安時代の補修段階になると思われる。それらのなかには数文字に及ぶものがあり、多胡郡関係の地名とみられるものがかなりある。基本的には「地名（郷名）＋人名」という形で定型化している。とくに人名の方は、寄進者の氏名であるとか、製作者の氏名であるといった諸説はあるが[11]、一時期とはいえ、何故補修用瓦の負担が多胡郡に集中しなければならなかったのか、など未解決の問題も多い。点数が多いので、多胡郡関係

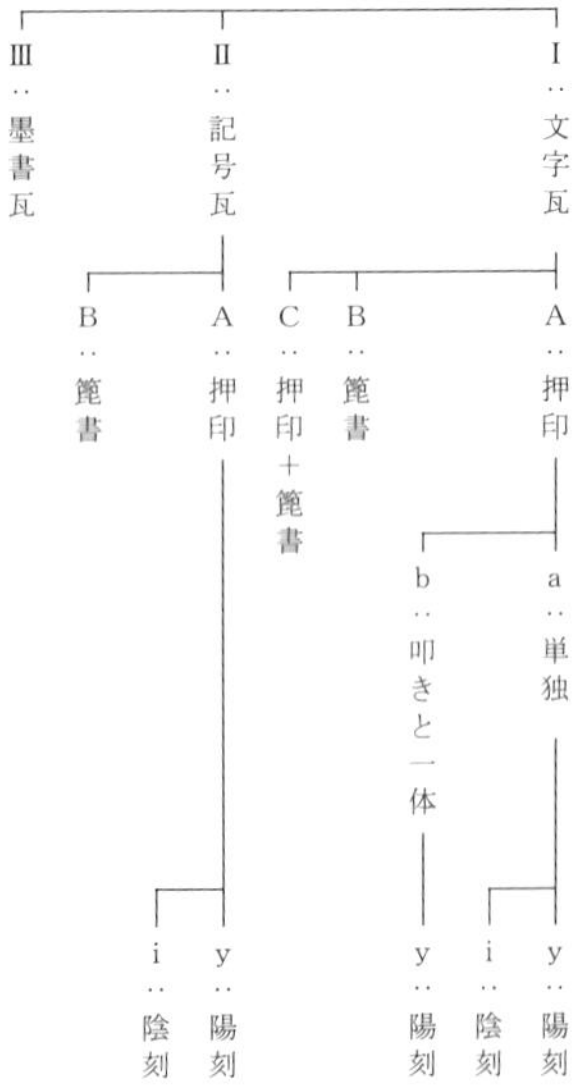

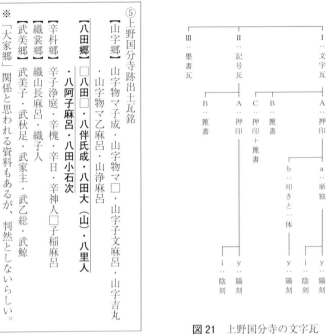

図 21　上野国分寺の文字瓦

⑤上野国分寺跡出土瓦銘
【山字郷】山字物マ子成・山字物マ□・山字子文麻呂・山字吉丸・山字物マ乙麻呂・山浄麻呂
【八田郷】□八田□・八伴氏成・八田大（山）・八里人・八阿子麻呂・八田小石次
【辛科郷】辛子浄庭・辛槐・辛日・辛神人□子稲麻呂
【織裳郷】織山長麻呂・織子人
【武美郷】武美子・武秋足・武家主・武乙総・武鯨
※「大家郷」関係と思われる資料もあるが、判然としないらしい。

とみられるものに限定すれば次のようになる。

矢田遺跡関連では、「（八）伴氏成」のウジは「（大）伴」、「（八）阿子麻呂」は「阿部」になるだろう。それ以外では「（辛）日」は「日奉部」、「（辛）神人□子稲麻呂」が「神人」、「（織）山長麻呂」が「山（守）部」でよければ、比較的頻度の高い「物部」とあわせて、多胡郡内の居住者の可能性の高い氏族名が、かなり変化に富んでいることになる。

各資料相互にかなりの年代幅があって、必ずしも同列には扱えないが、少なくとも①〜⑤は矢田遺跡の調査以前から周知の事例であった。矢田遺跡は、通常であれば調査規模の大きな各時代にわたる複合的な集落遺跡の一事例に過ぎなかったのであるが、以上の事情により群馬県内の同種の遺跡としては珍しく、対応する史料に恵まれた遺跡ということになった。特定の時代（奈良・平安）に関しては、予め集落の名称を承知した上で発掘調査を行うことができたのである。

六年間に及ぶ調査の結果、木簡や漆紙文書のような決定的な資料の検出こそみられなかったものの、墨書土器や刻字石製紡錘車など、新たに加わった文字資料等がある（表19）。竪穴住居跡約七四〇軒からすれば微々たるもので、群馬県内の同種の遺跡と比較しても少ない方である。但し、調査区は想定される八田郷のムラの中心を外している可能性が高く、そのような制約を考慮すれば、とくに刻字石製紡錘車を中心にきわめて重要な事例を追加することになったとしてよいだろう。

とくに注目に値するものは何点かあるが、まず⑥「八田郷」の刻字石製紡錘車がある。これは五〇号住居跡出土のものと七九号住居跡出土のものの二点あるが、二つの刻字石製紡錘車の字形はよく似ている。いずれも「八田郷」と三回刻み、その他に前者は「家郷」、後者は「大」と加えられている。二つ重ねあわせると「大家郷」となり、「八田郷」の隣接地の地名も含まれていることになる。但し、それぞれが出土した住居跡の所属時期には微妙なずれがあり、本来は全く無関係なのかもしれない。これらの他に、六四号住居跡からは「八田」と記す墨書土器が出土している。これらは、その所属時期（いずれも十世紀段階）にこの地が何と呼ばれていたのかを示す可能性が強いとみてよいだろう。漠然と「八田郷」の一部と考えられていたものが、調査の早い段階で確信へと変化することになったのである。

また、⑦「物部郷長」の刻字石製紡錘車は、氏族名としての「物部」氏とともに、「郷長」という職名らしきものが併記されており注意される。本来、鏑川流域から群馬郡南部にかけては「物部」氏の分布が比較的多く知られており、周知の史・資料によって判明する氏族名とあわせて、その内包する意味は小さくない。類例に「物マ　八田」などと刻まれた刻字石製紡錘車（六七九号住居跡出土）もある。

さらに⑧「牝馬　馬手　為嶋名」の刻字石製紡錘車は、矢田遺跡出土の文字資料では最長の字数を示す。文意はやや不明瞭ではあるが、馬の飼育に関係する文言であろうとされる。周辺には公私の牧が存在したはずで、それらの解明

表19　矢田遺跡出土　平安時代文字資料一覧（『矢田遺跡Ⅲ』一九九二年）19

No.	時期	出土遺構・遺物No.	釈読	器種	部位	方向	種別	備考
1	9c前	75住12	町	須恵器　坏	底部内面	正位	墨書	
2	〃	145住5	田口	須恵器　坏	〃		〃	
3	〃	331住8	十	須恵器　坏	〃		〃	
4	〃	513住3	□・□	須恵器　高台付皿	底部内外面		〃	
5	〃	606住6	太	須恵器　坏	底部外面		〃	
6	〃	679住6	八・八	土師器　坏	底部内外面		〃	
7	〃	331住10	廾	須恵器　高台付碗	体部外面		〃	
8	〃	83住5	牝馬　馬手　為嶋名	紡錘車	下面		刻書	滑石質蛇紋岩
9	〃	679住23	一八・物p・八田	紡錘車	上面・下面		〃	滑石片岩
10	9c後	42住3	子	須恵器　坏	体部外面	正位	墨書	
11	〃	51住5	□	須恵器　高台付碗	底部外面		〃	
12	〃	51住8	主	須恵器　高台付碗	底部外面		〃	
13	〃	51住13	□（方々）	須恵器　坏	体部外面	正位	〃	
14	〃	263住3	渕	須恵器　坏	底部外面		〃	
15	〃	309住3	渕	須恵器　坏	底部外面		〃	
16	〃	415住3	□	須恵器　坏	体部外面	正位	〃	
17	〃	418住4	成・成	須恵器　坏	体部内外面	横位	〃	
18	〃	563住5	弘	須恵器　高台付耳皿	底部内面		〃	
19	〃	563住7	弘	須恵器　高台付皿	底部内面		〃	
20	〃	595住3	□	須恵器　坏	体部内面		〃	
21	〃	647住14	子	須恵器　坏	体部内面	横位	〃	
22	〃	675住3	∧名	須恵器　高台付皿	体部内面	正位	〃	
23	〃	711住9	中	須恵器　坏	体部内面	正位	〃	
24	〃	711住10	□	須恵器　坏	底部内面		〃	
25	〃	711住21	∧名	須恵器　坏	体部内面	正位	〃	
26	〃	716住10	加□（寿カ）	須恵器　付	体部外面	横位	〃	

27	〃	563住6	有	須恵器 高台付碗	底部内面		箆書	
28	〃	1住17	大	丸瓦	凸面		〃	
29	〃	188住7	八井	丸瓦	〃		〃	
30	〃	188住8	八中寸真	平瓦	〃		〃	
31	〃	189住9	□	平瓦	〃		〃	
32	〃	425住6	□浄麻□	平瓦	〃		〃	
33	〃	12住16	物部郷長	紡錘車	側面	横位	刻書	滑石片岩
34	〃	189住11	×田・×	紡錘車	下面・側面		〃	滑石質蛇紋岩（片岩的）
35	〃	526住11	一八	紡錘車	下面		〃	蛇紋岩
36	〃	647住37	上	焼印				
37	10c前	4住9	加寿	須恵器 高台付碗	体部外面	横位	墨書	
38	〃	64住7	兀	須恵器 高台付碗	体部外面	正位	〃	
39	〃	64住10	□	須恵器 坏	体部外面	正位	〃	
40	〃	64住11	八田	須恵器 高台付碗	底部内面		〃	
41	〃	461住7	弘	須恵器 坏	体部内面	正位	〃	
42	〃	461住13	□	須恵器 坏	体部内面	正位	〃	
23	〃	464住10	□	須恵器 坏	底部内面		〃	
44	〃	482住5	∧名	須恵器 坏	体部内面	正位	〃	
45	〃	482住6	∧名	須恵器 坏	体部内面	正位	〃	
46	〃	570住7	子	須恵器 高台付耳皿	体部内面	正位	〃	
47	〃	570住8	□	須恵器 坏	体部内面	正位	〃	
48	〃	570住9	含	須恵器 坏	体部内面	正位	〃	
49	〃	570住10	田	須恵器 坏	体部外面	正位	〃	
50	〃	596住6	∧名	須恵器 高台付碗	体部内面	正位	〃	
51	〃	596住7	弘	須恵器 高台付碗	底部内面		〃	
52	〃	663住5	∧名	須恵器 高台付碗	体部内面	正位	〃	
53	〃	515住9	×	須恵器 坏	底部内面		〃	
54	〃	532住10	今	須恵器 高台付碗	体部外面	正位	〃	
55	〃	50住1	八田郷（×3）家郷	紡錘車	側面	逆位	刻書	滑石質蛇紋岩

56	10c後	40住6	□	須恵器　坏	体部内面	正位	墨書	
57	〃	40住7	□	須恵器　坏	体部外面	正位	〃	
58	〃	519住6	∧名	須恵器　高台付碗	体部内面	正位	〃	
59	〃	36住7	×	須恵器　羽釜	口縁部外面		箆書	
60	〃	590住10	×	須恵器　蓋	摘部		箆書	
61	〃	608住10	辛	平瓦	凸面		箆書	
62	〃	79住17	八田郷（×3）大	紡錘車	側面	逆位	刻書	滑石質蛇紋岩

に期待がかかる。これに直接関係するのは、六四七号住居跡出土の焼印で、印面には「上」の文字が認められる。恐らく牛・馬の所有を表す目印として使用されたものと思われる。

直接矢田遺跡の内容には関係ないものに文字瓦がある。寺院・官衙といった消費地ではしばしばみられるが、例外的にカマド芯材に転用された例である（一八八号住居跡）。「八中寸真」と「八井」の文字は、現状では上野国分寺跡の報告書中にはみられず類例を加えたことになる。矢田遺跡背後の丘陵中には窯跡群があり、そこから搬入したものだが、他に類例が稀少であることを配慮すると、その住居跡の住人は、とくに瓦製作の作業に関係する人物であった可能性がある。

以上述べてきた文字資料のなかに、石製紡錘車が多くあったが、それら以外にも各種素材の紡錘車が多く検出されていることは矢田遺跡の特徴である。石製紡錘車は、その遺跡でも各時代にわたってある程度普遍的にみられる遺物であるが、まだ律令制が辛うじて機能していた八～九世紀に、出土のピークが認められる。そのピークは群馬県全体のそれよりもやや先行しており、租税としての布生産の変遷に対応している可能性がある。これに直接関連するとみられるのが前述の一二一号住居跡出土の炭化した絹である。

矢田遺跡で検出されたムラの跡は、かなりの面積を調査したにもかかわらず、ついに官衙的な施設が確認されなかった。郡衙の下位施設である「郷衙」などの発見が期待されたが、倉庫に相当する掘立柱建物跡すらも非常に少なく、結果として布生産に多少の特徴をもつ純農村としての姿だけが記録保存されることになったのである。

四　和銅四年の多胡郡設置問題

周知のように、六世紀から七世紀にかけての朝鮮半島の激動後、多数の渡来人が日本に亡命・流入したが、それらの人びとは七世紀後半段階には、関東地方各地の閑地に分置する政策が採られた。(12) 一連の記事は、何らかの形で立「評」に関係するだろうが、具体的な内容として「僧尼」や「男女」が数十人規模で移配されており、それだけでは到底「評」が成立しなかった。それらの人びとは単なる農民ではなく、各「評」成立の核となる寺院や官衙の設置に必要な知識・技術の保持者であった可能性がある。彼らのなかには建築や土木だけでなく、養蚕・紡織・窯業

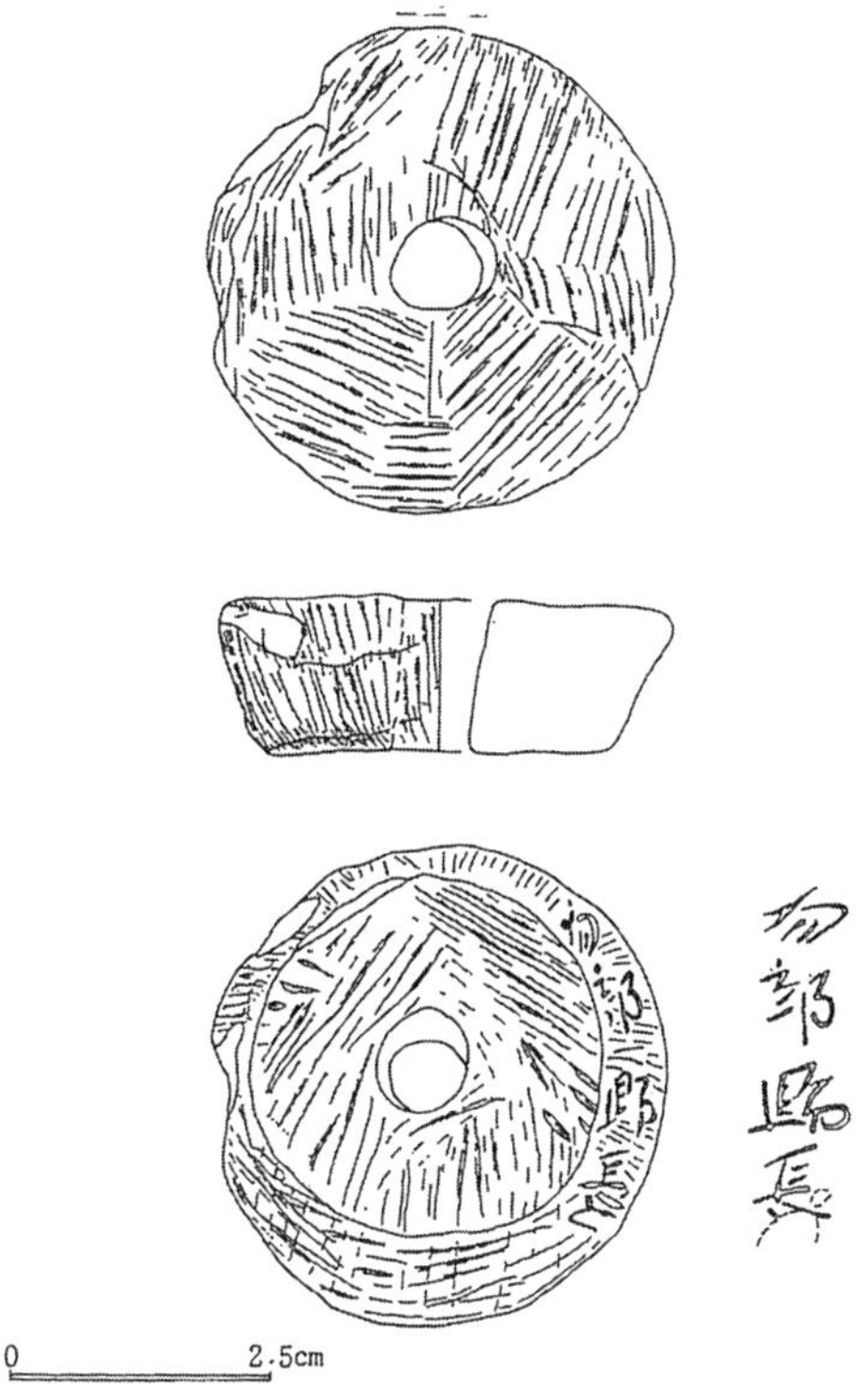

図22　「物部郷長」刻字石製紡錘車

などに詳しい者などもいただろう。『常陸国風土記』の立「評」記事に知られるように、その段階の立「評」は、旧来の支配組織や在来の勢力の積極的な組み替えのために行われたのである。

現在の通説的な理解になっている尾崎喜左雄氏の説では、多胡碑に関する独自の解釈から、多胡郡の設置を渡来人の集住によると考えた。すなわち、歴史学の知識を基礎に考古資料を積極的に援用したその理解は、鏑川流域には甘楽（＝韓、カラ）郡・多胡（外国人が多い）郡の地名によって知られるように、渡来人が影響力を行使しており、それらの渡来人は、物部氏に代表されるような在来の氏族と主導権を争って、甘楽郡地域は物部氏が、多胡郡地域は渡来人が集まって居住するようになったとする。隣接する武蔵国の高麗郡・新羅郡などと同様の「渡来人の郡」と考えるのである。そして、その建郡を喜んだ渡来人の郡司（「羊」）によって、モニュメントとしての「多胡碑」が、郡衙所在地としての「大家里」（ミカドという地名が根拠になっている）に建立されたという、景観的なイメージもこれに伴っている。恐らくそのベースには、中世の『神道集』等にみられ、多胡郡周辺地域にも流布している「羊太夫」の伝承を敷衍する理解である(13)。

以上の理解を補強する材料として、第一に先にも触れた上野国分寺跡関連の瓦の銘文がある。「羊子三」とか「羊」というものが、多胡碑の「郡成給羊成多胡郡」との関係のなかで、多胡郡を給与された渡来人の個人と考えるわけである。先にもあげた④正倉院宝物銘文の「山部郷」に「秦人［切断］高麻呂」が居住していたという資料もこれに付け加えられる。

第二に、『続日本紀』天平神護二年（七六六）五月壬戌条に「上野国に在る新羅人子午足等一九三人に吉井連を賜う姓す」という記事があって、「一九三人」を戸主とみなすことができれば、当初六里で出発した多胡郡全体の戸主三百人のうち、六割以上の人びとが渡来人であったことになる。

ここで一番問題なのは、多胡碑の「羊」の文意を、個人名―それも渡来系氏族の個人と考える点であろう。研究史の論点も、かなりの割合でこのことに集中する。たしかに文字瓦にも意味不明の「羊」一字の事例はあるが、少なくとも「羊子三」は「辛（科郷）＋人名」という事例の一類型であることが確認されている。「秦人〔切断〕高麻呂」という人物も、「高麻呂」という名に示されるように、祖先はともかく本人は渡来人というより倭人化した在来の人である。

さらに『続日本紀』の記事には「上野国」という表記はあるが「多胡郡」という限定はされておらず、文字通り「上野国」全般に分散する「新羅人」とみるべきであろう。賜改姓の対象者の「百九三人」は、同様の記事のなかでは二番目に多いが、一般に戸主に限定すべきではなく、対象者全体とみるのが穏当であろう。

ところで矢田遺跡の名称は、大字矢田という地名に由来していた。その範囲は、矢田遺跡がある中位段丘（集落面から、現在の吉井町の市街地がある下位段丘面（水田耕作地）にまで及んでいる。九世紀頃に領域的広がりとして確定した古代の「八田郷」の範囲は、現在の大字矢田の範囲よりもかなり大きな地域であったと思われるが、租税制度の変遷などによって徐々に縮小していった。少なくとも多胡郡は、集落と耕地（条里型水田）とがセットになって郷として編成されていたのではないか。

さらにいえば、その配列は『続日本紀』和銅四年三月辛亥条の郷名記載順序のとおり、西から東へと並列していたのではないか。それは中央政府の目線である。「多胡碑」の郷名配列は逆になっているので、「上野国府」方面からの目線となっている。その郷名配列で「大家（オホヤケ）郷」というのは全国的に類例の知られる地名である。尾崎説のように郡衙所在地の場合もあるが、かなりの頻度でそれ以前の政治施設（ミヤケ等）の設置場所であった場合も多い。多胡郡の場合、「多胡碑」が郡衙近傍に法令告知の意図で建てられた可能性は高いと思われる。大家郷と武美郷との境界線に建てられたという大武神社は、現在入野中学校東側斜面に位置するが、それ以西が大家郷・以東が武美郷と伝えられていることに関係していて興味深い。少なくとも下位段丘面だけの大家郷を想定するべきではないのではないか。

一方、多胡郡関連の水田のうち、下位段丘面に造成されたものは、条里型の土地区画を示していた[14]。その部分だけでは、面積的に班田に不足する可能性が高く、条件の悪い谷戸田なども、積極的に維持・運営されていたであろう。なお不足する部分は、面積的に余裕があった可能性のある周辺地域（群馬郡・甘楽郡）で賄われたと考えられる。鏑川流域はやや大きな谷地形のため、今日的には発展が難しい部分が多いが、そのことによって逆に古代的な景観がよく遺されていた。

群馬県内の一般的な傾向と同様に、地割の設定に伴うような地番の残存は認められないが、そうしたなかでは吉井町の市街地南方に位置する「口伝（くでん）」という小字名が注目される。これは「公田（前橋市など）」→「九田（富岡市など）」→「口伝」という転訛の過程を示すとみられるが、「国領」などとともに国衙領の設定されていた地点を示すのではないか[15]。このことは、それ以前からの上野国府との関わり―親近性を示している可能性がある。

多胡郡設置時期の多胡郡周辺の最大の問題点は、「上野三碑」という存在するだけでも稀少な古代の石碑が、時期的にも地理的にも近接して同一郡内に象徴的に建立されていることであろう[16]。こうした事例は、地方にあってはほぼ絶無といってよい。

A「山上碑→金井沢碑」＝仏教信仰に関する記念碑
B「多胡碑」＝行政的告知

ここには、あるいは対立し、あるいは妥協するという二つの流れが認められる。Aは以前から継承され、恐らく古代を通じて残存するものであり、Bはその上に政治的に新たに据えられようとしたものである。Aの勢力は、以前ミヤケの廃止という政治的事件を受容することがあったが、それは従前の地域の秩序を大幅に突き崩すような内容のものではなかったようである。金井沢碑にみるように、「三家子孫」などと誇らしげにそのことを記す辺りが、Bの勢力へのライバル意識の表明にもなっている。これに対してBの勢力には、もしかすると「渡来人」のような存在もあったかもしれないが、あくまでも政策技術の問題であった。多胡郡の設置は、そういった地域内部のせめぎあいに一定の方向性をつけるために、中央政府の政治的意思として断行された(17)。

こうした諸現象や変化の画期は、地域の構成要素としての矢田遺跡の上にはどのように投影されているのだろうか。竪穴住居跡の時期別の増減等からみると、

（一）　仁徳天皇の名代としての「矢田部」設置に対応するような時期には、少なくとも調査範囲にはみるべき遺構がない。

（二）　某ミヤケ設置以後に竪穴住居が急増するのが、大きな画期ということになるだろう。新来の技術の導入は、既存の地域勢力にも益するものがあった可能性がある。

（三）　養蚕技術等の本格的導入は、多胡郡の設置後であろう。家々で盛んに養蚕に従事し「糸→布」を生産し、技術教習に関して地域への指導的役割を果たしていったとみられる。全県的にも類例のやや少ない時期の遺構・遺物が集中しているのも、このことに関連している可能性がある。

しかし、その繁栄も長続きせず、その他の地域に先立って集落の内容が徐々に矮小化してゆく。地域の有力者は、租税収納や改賜姓などを通じて、国府や中央政府との結びつきを深めるなかで勢力の持続を図るが、古代から中世への時代の大きな変化を乗り越えられた者は、きわめて少数であった。遺跡地の急速な耕地化が、地域勢力の転変を雄弁に物語っている。

養老公式令論奏式に含まれる「廃置国郡」は、当初天皇大権に属した可能性もある重要な政策で、渡来人の私的な契機で実施可能な案件ではなかった。それは壬申の乱直後の強力な軍事力を背景としたヤマト勢力の政治的意思によってのみ実現可能であった。既得権を剥奪される側に立ってみれば、今日の市町村合併が各地で難航するのをみるまでもなく、それがいかに困難な政策であったか想像できるであろう。

八世紀段階にも、美濃国席田郡や武蔵国高麗郡・新羅郡のように、立郡時に渡来人の集住が知られる例もあるが、七世紀段階からの連続と非連続の側面があった。現在よりも人口の流動性の高い古代にあって、渡来後畿内を中心に居住させられて数世代を経た人びとを、「渡来人」と呼んで区別することに意味を見出せないのである。但し、国家の付託を受けた新来の技術の保持者としての渡来人が、多胡立郡にも関係したかもしれない。しかし、時期が前後している可能性があり、多胡立郡のために将来された人材ではなかった可能性が高い。そして、少なくとも矢田遺跡の調査結果からは、積極的に渡来人の居住を示唆するような証拠は検出されていないのである。

養老賦役令調絹絁条によれば、調として納めるべき繊維製品の規格が次のように定められていた。

・絹絁　八尺五寸（一丁当たり、以下同じ）×六丁分＝五丈一尺（幅二尺二寸）＝一疋
・美濃絁　六尺五寸×（八丁分）＝五丈二尺（幅二尺二寸）＝一匹
・糸　八両×（二丁分）＝一六両＝一絇
・綿　一斤×（二丁分）＝二斤＝一屯
・布　二丈六尺×（二丁分）＝五丈二尺（幅二尺四寸）＝一端
・望陀布　（一丈三尺）×（四丁分）＝五丈二尺（幅二尺八寸）

また庸の場合、一日あたり布二尺六寸の計算で二丈六尺の布を納めることにより、一〇日間の労働に代替することができた（賦役令歳役条）。以上の布は、近くの丁の分を合成し、布の両端や糸・綿の堤にはそれを納めた国・郡・里・戸主の姓名・年月日などを注記して国印を捺すことになっていた（調皆随近条…実例は正倉院宝物の調庸布墨書銘にみえ

る）。さらに調庸物は、毎年八月中旬から出しはじめ、近国では十月三十日、中国では十一月三十日、遠国では十二月三十日を限度に納め終わることになっていた（調庸物条）。

その後、布の規格変更に関する法令が相次いで出される。

①和銅六年（七一三）：庸布を二丁で一端に合成し、長さを二丈六尺とする（庸の軽減）

②和銅七年（七一四）：商布も二丈六尺を一端とする。

③養老元年（七一七）：調布長四丈二尺・幅二尺四寸、庸布一丁一丈四尺を二丁合成して、それぞれを一端とする。

④天平元年（七二九）：四丈の広絁をやめて六丈の狭絁を採用する。

⑤天平八年（七三六）：調布・庸布ともに一尺九寸に改められる。

これらのなかで、とくに③はその後も規定として残ってゆく。但し、この幅広の布は従来からあったような織機ではなく、国衙や豪族の工房で生産された可能性が高い。渡来人技術者が海外からもたらした新来の技術の一端にも関係しているだろう。

当時一般に流布していた「常布」は、律令制的俸禄制度に強制的に対応させる方策によって、制度の上では消滅した[19]。しかし、現存する布の遺品をみても、中央に貢進された布は、貢進のためだけに規格をあわせて作成され、度重なる法令の発布に示されるように、在来の布は制度の改定にもかかわらず、市井ではなお存続し続けていたようである。一連の規格変更のなかでも、初期には織機が問題になるような布の幅よりも、長さが重視されているのが注意される。幅自体も妥協的に狭まる傾向がある。

こうした徴税対象品目としての布は、整備された形では『延喜式』に記載されている。上野国の場合、全般的にみて繊維製品の比重が高いが、概ね次のような品目が挙げられている。

・民部下：交易雑物＝絁五十疋、布一五〇九端、商布七七三一段
二尺二寸八分
・主計上：麁糸・絁を貢輸
調＝緋帛五十疋・紺帛五十疋、黄帛八十疋、橡帛十三
疋・絁三一〇疋・紺布五〇端・縹布十五端・黄布三十
端・榛布三五端・緋革
庸＝布
中男作物＝麻一〇五斤・席・漆・紙・紅花

調整後の繊維製品の消費の段階としては、次のように整理できる。産地から国府・都城へ運搬し、市などでの売買による交換や換金が想定される。

Ⅰ納税（国家財政への繰入）→予算執行
Ⅱ納税（国郡財政への繰入）→予算執行
Ⅲ自家消費（間接）　a
　自家消費（直接）　b

右のような想定で大過なければ、Ⅲの想定しにくい矢田遺跡出土の絹は、Ⅰ・Ⅱへの納入待ちの物品であったかもしれない。Ⅰ・Ⅱ段階に関する布で、官衙で消費される場合のほか、予算執行については直接市場に回されたり、給与や雇役に際して支払われた結果、市場に回る場合などが想定される。上野国に関しては、群馬郡にある国府推定地の南に「フル（布留）の市」の可能性もある「古市」の地名があり、各地から国府に集約された物品が交易されたとみられる。軍事・祭祀に留まらない、地域の物部氏の経済的活動の内容に関して示唆するものがある。その位置は、多胡郡からは真北で上野国府寄りの中間地点にあたる。

遺跡から出土する遺物で密接に関係しているのは、瓦の凹面に残された布目の圧痕がある。国分寺や定額寺の造営に必要な物資としての麻布などは、瓦作製の模骨を包む袋などとして多用されたであろう。市場での交換などが想定される納入された租税の使途になるだろう。そうして入手された物が、上野国内各地に設置された官衙附属工房などに配布されて活用されたと思われる。

矢田遺跡では九世紀前半、全県的には九世紀後半に紡錘車が増加＝糸の増産→布生産量増加が想定されるが、この

現象の背景に関しては単純ではない。時期的には、弘仁十四年（八二三）に大宰府管内ではじまった公営田制[20]以下の諸政策が注意される。各地に勅旨田が多数設定され、直接収入の確保が目指された。天長三年（八二六）に上野国が「親王任国」に措定されたのも、一連の流れに関係するものであろう。

折しも畿内では、天長五年（八二八）に班田が実施されるが、以後半世紀にわたって途絶することになる。国庫に直接関係する調庸物の増産に関して、勅旨田→個別荘園を媒介にする形で、上位の政治的意思が働いた可能性はある。しかし、現物の運搬にはそれなりの困難が伴い、産地での増産を集積地・消費地の畿内で実感することができなかったとみられる。それらのことが、畿内では元慶三年（八七九）に「官田」の設置につながったのではなかろうか[21]。そして、矢田遺跡と全県的な出土紡錘車に関する増減の時間差は、多胡郡周辺の担っていた特殊な政治的意味と密接に関係していた可能性があるのではないかと考える。

注

（1）（財）群馬県埋蔵文化財調査事業団『矢田遺跡』Ⅰ〜Ⅷ（一九九〇〜九七年）。

（2）高島英之・宮瀧交二「群馬県出土の刻字紡錘車についての基礎的考察」（群馬県立歴史博物館『研究紀要』一三号、二〇〇二年）。

（3）拙稿「大宝令制定前後の地域編成政策」（『地方史研究』二〇一号、一九八六年）、同「古代村落遺跡の地域史的意義」（野田嶺志編『村のなかの古代史』岩田書院、二〇〇〇年）、同「「山上碑」「金井沢碑」と地域の仏教」（『地方史研究』二九八号、二〇〇二年）。

（4）中田節子「矢田遺跡一二一号住居跡出土繊維」（（財）群馬県埋蔵文化財調査事業団『矢田遺跡』一九九〇年）。

（5）武田佐知子『古代国家の形成と衣服制』（吉川弘文館、一九八四年）。

（6）中沢悟・春山秀幸・関口功一「古代布生産と在地社会」（（財）群馬県埋蔵文化財調査事業団『群馬の考古学』一九八八年）。なお、小根沢雪絵「多胡郡の紡錘車生産」（多胡碑記念館編『紡ぐ』二〇〇八年）で、近隣の遺跡出土の紡錘車が統計処理された。その結果、矢田遺跡の調査事例を上回るような遺跡も確認されるようになってきている。いずれにしても、多胡郡域での突出した出土量が確認されている。

（7）前沢和之「史跡上野国分寺出土文字資料について」（『日本歴史』四五六号、一九八六年）。なお、この問題に関しては、多胡碑記念館編『多胡郡の郷と人々』（二〇一七年）で、各地の出土品が集成され、比較検討の機会を得た。

（8）高島英之「多胡碑を読む」（平野邦雄監修・新しい古代史の会編『古代東国の石碑』吉川弘文館、一九九九年）。

（9）前沢和之『古代東国の石碑』（山川出版社、二〇〇八年）、松田猛『上野三碑』（同成社、二〇〇九年）等。

（10）前沢前掲注（7）論文。

（11）上原真人「東国国分寺の文字瓦再考」（『古代文化』四一巻二号、一九八九年）。

（12）大津透「律令国家と畿内」（『日本書紀研究』一三号、塙書房、一九八五年）、拙稿「日本古代の「移動」と「定住」」（『歴史学研究』五八一号、一九八八年）等。

（13）尾崎喜左雄『上野三碑の研究』（尾崎先生著書刊行会、一九八〇年）。

（14）拙稿「鏑川流域の条里的地割」（『条里制研究』二号、一九八六年）。

（15）久保田順一「国衙領の形成と開発」（『群馬文化』二二五号、二〇一三年）。

（16）前掲注（9）書参照。

（17）拙著『日本古代地域編成史序説』（岩田書院、二〇一五年）。

（18）吉川真司「常布と調庸制」（『史林』六三巻四号、一九八四年）。

（19）たとえば、早川庄八「律令財政の構造とその変質」（『日本経済史大系』第一巻、一九六五年）。

（20）村井康彦「公営田制と調庸制」（『古代国家解体過程の研究』岩波書店、一九六五年）。

（21）網野善彦「荘園公領制の形成と展開」（『土地制度史』Ⅰ、山川出版社、一九七三年）。

第十一章　「紅花」栽培と上野国

一　魅惑の「呉藍」

山田郡で「紅花」栽培が行われていた可能性があるという説がある[1]。そのことを考える重要な参考となる「川曲地蔵前遺跡」は、前橋市西部の標高九二メートル前後をはかる前橋台地上の平坦地に位置する。榛名山南麓に南北に細長く展開する古代の群馬郡においても、その南端に近い[2]。当該遺跡周辺には、表層の地割が「広域条里」であることは、研究史上周知の事例[3]である。その地下には、浅間B軽石層下の水田のほか、九世紀後半と想定される洪水層下の遺構なども確認され、各種の重要な所見が得られた。そのような各種成果のなかで、今回とくに取り上げてみたいのは、「川曲大溝」と仮称された古代の水路跡の覆土から、花粉分析の結果検出されるに至った「紅花」花粉化石[4]についてである。

『延喜式』の一連の記事などによって、古代上野国に関しても「紅花」の栽培が行われていたことはよく知られている。今回、埋蔵文化財の発掘調査によって、そのことが直接的に裏づけられた形になるが、山田郡を絡めたその歴史的意義について、若干の私見を提示してみたい。

二　「紅花」栽培の展開

エジプト原産で、中国を経由して古墳時代には移入されていたとされる「紅花」は、実際に日本各地で栽培されていた。時代の進行に伴って、徐々に栽培地が選別されていったようだが、地質や気候条件などの関係や輸入品に押されて、現在では山形県などが僅かな生産地となってきている。

正徳三年（一七一三）刊行の『和漢三才図会』の段階では、全国的な産地として次のような例が、品質からみて序列的に挙げられている。

Ⅰ羽州最上及び山形＝良

Ⅱ伊賀・筑後＝之次

Ⅲ予州今治・摂津＝又之次

Ⅰ以外は西日本に比重があり、染色の原料である製品の内容などにも、「大・小」など多少の違いが認められるらしい。『延喜式』の記載内容（産地）とも一致しない。『延喜式』主計上に総括的に示される「凡中男一人輸作物」の分量は、「紅花二両」である。次いで示される諸国別の租税については原則的に分量を示さないが、「中男作物」からみた「紅花」の産地について整理すると次のようになる。[5]

中男作物として「紅花」を輸する諸国は、日本国内全般に広がりをもっているが、一般的理解では関東地方と中国地方とにまとまる傾向にあるとされる。しかし、それら以外の国々も少なくない（傍線は一覧に対応）。唯一分量を記す「伊賀国」は、国の等級で「小国」になるが、三八人分を輸することになっている。本来他国に関しても、国の「等

・東海道…伊賀国（7斤8両）・伊勢国・尾張国・参河国・駿河国・甲斐国・
　相模国・武蔵国・安房国・上総国・下総国・常陸国
・東山道…信濃国・上野国・下野国
・北陸道…越前国・加賀国・越中国
・山陰道…因幡国・伯耆国・石見国
・山陽道…備後国・安芸国
・南海道…紀伊国

級」などに応じて分量が決められていたのであろう。

『延喜式』段階の現状で、畿内及び西海道には「紅花」貢納の事例が認められない。同様に、南海道の島嶼部（四国）や西海道が含まれないのは、栽培にあたってある程度の土壌的特質や冷涼さが必要だったからかもしれない。連絡の便宜を考慮すると、南海道紀伊国が貢納国であれば、同時代でも四国地方への伝播がなかったとは考えにくいのではないか。それらのことは、生産地と貢進地の不一致に起因する可能性もある。また、一部例外を除き、数量及び各国内部でのより詳細な生産地（郡・郷）の詳細は不明である。

また、『延喜式』に示される「紅花」の各種の使途に関しては、次表に示すような記載がある。一般的には衣類及びその原材料の染色に使用される。「大・小」の区分を明示する場合とない場合の三パターンがある。いずれにせよ各種衣装の染色のための用材である。

用途別による内容の違いはあるが、消費項目の多さでは、衣服を扱う「縫殿寮」が目立つ。使用量の多さでは、「内蔵寮」の「中宮御服料（大百二十一斤二両）」が最大で桁違いに多く、同「季料（大百斤）」がこれに次ぐ。当時の価値観でも高貴な女性を中心に、「くれのあい（呉藍）」という色調の鮮烈さが必要であったのかもしれない。

祭礼用としても、「内蔵寮」所轄の「春日祭」「賀茂祭」「大神祭」「新嘗祭」などの、比較的大がかりな「場」での使用が知られる。これらの年間を通じた大量な需要が、少なくとも『延喜式』段階では、主として「中男作物」によっ

表20　『延喜式』にみえる「紅花」の使途・用量

巻	項	目	品名	数量	備考
六（神祇六）	齊院司	毎年禊祭料	紅花	大二〇斤	用途内訳あり
		人給	紅花	大一六斤	
		三年一請雑物	紅花	大六九斤	
一二（中務省）	賀茂祭	平野物忌	紅花	小三斤	
		女官装束料	紅花	一四斤	
		東豎子装束料	紅花	小二斤	
	蔵司	續命縷料	紅花	大三斤	
	闈司	襪料	紅花	大八斤	
一三（中宮職）	大神祭	装束料	紅花	二斤	上社物忌料。下社同
			紅花	二斤	舎人二人料
			紅花	二斤	左右馬寮御馬騎者喚継二人料
			紅花	四八斤	命婦料
			紅花	三八斤	蔵人料
（図書寮）	年料	染造紙花	紅花	大四斤	
一四（縫殿寮）	六月神	今食御服	紅花	大三両二分	
	鎮魂齋服	新嘗祭小齋諸司	紅花	大一五斤五両	
		緋紐料	紅花	大七斤六両二銖	
	雑染用度	黄櫨綾	紅花	大十斤八両	
		帛	紅花	大七斤	
		糸	紅花	大二斤八両	
		韓紅花	紅花	大十斤	
		帛	紅花	大二斤	
		羅	紅花	大七斤	
		紗	紅花	大二斤	
		糸	紅花	大一斤	
		貲布	紅花	大四両	

		細布	紅花	大五斤	
		中紅貲布	紅花	大一斤四両	
		退紅帛	紅花	小八両	
		糸	紅花	小二両二分	
		細布	紅花	小四両	
		調布	紅花	大一四両	
		深支子綾	紅花	大一二両	
		糸	紅花	小一斤	
		浅支子綾	紅花	小三両	
		帛	紅花	小二両	
		糸	紅花	小一両	
一五（内蔵寮）	春日祭	使等装束馬部貲布	紅花	大一斤	
		舎人細布	紅花	大一斤	
	大神祭	史生別	紅花	大二斤	
	賀茂祭	使等装束貲布	紅花	大一斤	
	新嘗祭	会節大歌人等装束料	紅花	大一斤五両	
	奉諸陵幣		紅花緂	一疋五丈	
			紅花緂	四絇二両	
			紅花緂	三屯四両	
	墓七所料		紅花緂	一疋一丈七尺	
			紅花緂糸	二絇十一両	
			紅花緂	二屯四両	
	陵十所等	幣練染用度料	紅花	大十斤	
	御服料	中宮御服料	紅花	大一二一斤二両	
	季料		紅花	大百斤	
二四（主計上）	中男一人輸作物		紅花	二両	

て賄われていたのである。

右の「中男作物」には、その成立に至る複雑な経緯があるが、(6) 本来ミツギ（調）の系譜を引く負担であるから、他の税目と同様に、特定産地と消費先（官衙・権門勢家）との結びつきが継続していた可能性は高い。上野国の「紅花」に関しても同様であったろう。

三　十二世紀上野国の地域情勢

『中右記』元永元年（一一一九）三月から四月にかけて次のような記事が知られている。

・（二五日）巳時許従院有召、則馳参、召御前被仰云、「上野国司有所申、返日関白家此国中有立庄事、是知信寄申也、①件庄及五千町、②齊院禊祭料紅花、彼庄地利也、仍不能弁済者、此事如何、縦雖山川藪沢、一国中及五千町甚不便也、有便宜之時以此旨可伝関白也」、頗以不便者、予申云「此事全不知候也、以仰旨可伝関白候」、帰家之後相尋之処、御物忌者、（傍線は筆者、以下同じ）

・（二六日）巳時許参殿下、申昨日院宣之処、御返事云「只如此庄以人寄為家領也、仍以知信申旨一旦仰国司許也、於今者可停止也」、凡大小雑事只不憚可被教仰也、次参院、有召参御前、委以奏了、午後退出、

・（四月五日）参殿下雖御物忌参御出居、万事執申事、明日祭除目云々、仍近江事、諸陵頭事、尾張重任事、上野庄事、為殿下御使参院奏覧了、御返事、依仰以消息申殿下了、

右の記事は、中御門宗忠によって筆録されたもので、宗忠が「（白河）院」と「（藤原忠実）殿下」との間を、目まぐるしく行き来して、諸課題の調整にあたっていたことが、臨場感を以て記されている。これまでにも、白河院と関

白藤原忠実との対立・白河院政の荘園抑止策を示す例として取り上げられてきたが[7]、一連のやりとりが、天仁元年（一一〇八）の浅間山の火山災害から、約十年経過した段階の出来事である点に、改めて注目されたのは峰岸純夫氏である[8]。

三月二十五日にみえる、藤原忠実の家司であった平知信は、山川藪沢も含むものの、在地の各種勢力に精力的に働きかけることによって、上野国内に「五千町」もの土地を集積し、巨大な荘園を立てる寸前のところまでいっていた。「五千町」がどのくらい巨大なのかという目安に、時期は前後するが、『倭名類聚抄』の田籍を参照してみる。同書では、上野国の田籍は「三万九三七余町」なので、単純に一四郡で割ると一郡あたり約二二〇〇町となる。同様に、八六郷で割ると約三六〇町となる。右の数字には「山川藪沢」を含まないだろうから、正確さに問題は残るが、小規模な郡であれば二郡、郷にしては一三郷分にもなる。これは「国府」所在郡である群馬郡の規模に匹敵する。

これらに先立つ『日本後紀』弘仁四年（八一三）二月丁酉条には甘楽郡大領壬生公郡守が「戸口増益、為民所懐」という理由で特別に叙位されている。具体的には、鏑川流域に集中してみられる「条里」型土地区画の造成につながるような、耕地の再生・整備に関係しているのではないか[9]。上野国は、直前の弘仁二年（八一一）に、きわめて例外的に国の等級変更（上国→大国）が実施されているが[10]、このことは、八世紀段階になっても、一世紀以上経過した災害復旧が、未だ充分貫徹していなかった状況を示唆している。

また『続日本後紀』承和二年（八三五）七月甲子（二十一日）条には、「以空閑地山城国愛宕郡二町・上野国山田郡八十町。賜諱（田邑親王＝文徳天皇）」とある[11]。この記事自体は、山城国愛宕郡と上野国山田郡の「空閑地」を田邑親王に賜与したというもので、それよりも詳細な情報は限られている。この時期に多く生存していた、桓武天皇関係の皇族の給与・生活費の補給に関する記事である[12]。

「空閑地」という以上は、かつて耕作されていた開発可能な耕作地ということになる。用・排水の基本設備は、敷設済みであったろう。ここでとくに注意されるのは、愛宕郡の「二町」と、山田郡の「八十町」という規模の差である。都市（平安京）近郊で、権利関係の複雑に錯綜する農地は、居住地に近くて便利なようだが、いかに皇族といえども、そう簡単に入手はできなかった。

上野国東部に位置する山田郡は、「山田・大野・園田・真張」の四郷からなる下郡であり、渡良瀬川両岸に展開していたと思われる。北側を足尾山地・南側を茶臼山丘陵に挟まれて、開発余地の大きさからいえば「空閑地八十町」の割合は小さなものではないだろう。その数字からは、山田郡地域の同時代の荒廃が想定されるのである。

さらに、『日本三代実録』貞観八年（八六六）四月二十七日条によれば、国司介（長官）安倍貞行が、百姓を催勧して「四四七町」を開発し、それを「地子田」とすることを申請して許されたという記事[13]がある。諸般の状況からみて、安倍貞行は「良吏」であったとみられるので、右の地子を運転資金にして、次なる開発を目論んだと考えられる。但し、本務は受領であるので、事業の継続性は必ずしも担保されてはいない。

『中右記』元永元年段階では、浅間山の火山災害のこともあり、右のような郡司や国司の「営為」や「工夫」のレベルではもはや再開発が不可能で、巨大な財力をもつ中央の権門勢家の直接的介入によってのみ、再開発可能であるという意味で、地域の決定的衰亡（「亡弊」）を示唆する。

四　前橋市川曲地蔵前遺跡出土の「紅花」花粉

北関東自動車道建設に伴う埋蔵文化財調査によって、上野国中央〜東部地域平野部に、再度長いトレンチが入れられ、各種の分析・考察が実施されて、新たに知られた各種の歴史的事実の多さに圧倒される。但し、自然科学的分析について、予算や日程の関係もあって、とくに「植生」などの復元に関わる「花粉」分析は、全ての遺跡に関して実施されてはいないようである。今後とも注意が必要になるだろう。

管見の限りの群馬県内関係では、「紅花」の種子が東峰須川雷電遺跡（旧利根郡新治村＝現みなかみ町）の十世紀に属するという土坑から検出されているのが知られる程度である。[14] 時期的に遡及し、『倭名類聚抄』郷などへの対応が考えにくい地点になる。日本海側へ連なる交通の要衝とも考えられ、更なる検討が必要になる。広範囲な土地の囲い込みが可能であったという点では、当面問題になる地点の候補地の一つになる。

今回「川曲地蔵前遺跡」で実施された花粉分析によって、前橋台地及び周辺地域の現況水田地域付近の植生復元が為された。河川跡や人工水路の堆積土から検出された各種の花粉の時系的変化から、山林状態が切り開かれ、水路や水田に由来する植物花粉が増加する様子が示されている。

「川曲地蔵前遺跡」付近に関しても、常時満作といえるような状態ではなく、沼沢地のような場所もあったらしい。それらは、かつて水路や区画は整備された段階もあるので、しばしば史料にみえる「空閑（地）」というべき状態であったろう。そのような耕地が、火山噴火や大洪水といった具体的な災害に見舞われ、土砂によってパックされた痕跡として遺されるわけだが、問題なのは「川曲地蔵前遺跡」の所在地が、上野「国府」の近接地点であることだろう。

峰岸純夫氏の整理によれば、偏西風にのった浅間山の降灰は、上野国内はいうに及ばず、下野国や常陸国にまで被害を及ぼしたとされる。その結果、各地域史の変動を来すことになり、上野国の新田郡や佐位郡などでは、古代的な要素が完全に払拭され、東国地域全般にわたって中世的な世界が形成されることにもなったという。[15]

峰岸氏が行論上注目された「齊院禊祭料紅花」の栽培地は、峰岸氏が留保されるとおり当面不詳である。山田郡に賀茂神社が多数所在し、その収納にあたって機能した大蔵省の出先機関としての「大倉保」が後代所在することなどを以て、山田郡で「紅花」が栽培されていたかもしれないと想定されたのである。それを避けることで「淵名荘（ないし新田荘）」が立荘されるに至り、「女堀」が掘削されたという流れが想定されている。

とくに問題なのは、山田郡が同時代には非常に小規模な郡であり、渡良瀬川流域という地形的制約もあって、山田郡周辺で「五千町」もの「空閑地」を確保できなかったのではないかと思われる点である。いずれにしても立荘には至らなかったのだから、荒廃状態が改善されることはなかったことにはなる。

一方、「川曲地蔵前遺跡」は群馬郡に属するので、右の地域よりも火山災害に関して大きな被害に遭ったとみられる。多数の「国衙領」の設定も予想されるが、そのような場所に一円的な荘園が立てられれば大問題であろう。当面「齊院禊祭料紅花」栽培地点は不明だが、稀少な「紅花」花粉が検出されたという事実を重視すれば、可能性として「群馬郡＝国府所在郡＝火山災害の激甚地域」の何処かということもあり得るのではないか。「五千町」が一円的に確保できる大規模な郡でもある。白河院による強い反発の理由も、より明確になるだろう。

史料の限界に踏み込んだことになり、相変わらず峰岸氏の想定の方が蓋然性が高いとは思われるのだが、「川曲地蔵前遺跡」で確認された「紅花」花粉から、そのようにも考えられるのである。今回「川曲地蔵前遺跡」で確認された「紅花」花粉については、類例が少ない上に非常に微量であり、長期間にわたって栽培が行われたのではないかもしれない。

また、山田郡から下流の地域で、同様の自然化学分析を丹念に実施すれば、より高濃度に「紅花」花粉が検出される可能性もあるだろう。実際に「紅花」栽培地が山田郡であったとしても、立荘自体は見送られたわけだから、その代わりに即「淵名荘」付近の一円的荘園化というようなことにはならないだろう。その対象が群馬郡であったなら、事態はさらに深刻であったことになる。

但し、九世紀後半段階以前にも、耕地の荒廃をうかがわせる状況が検出されていることは、比較的条件に恵まれた前橋台地上の「広域条里」とされる水田地帯の経営でさえも、通常他地域の場合と同様に、非常に不安定なものであったことを示している。条件に恵まれない地点にあっては尚更であろう。

一般に、九世紀代とされるようになってきた「条里」地割の施行時期は、農耕の条件が相対的に良好で、国府の行政力の波及を示すバロメータと考えることができるだろうから、そのような地点でさえ十全に維持管理が貫徹しなかった、地域の潜在能力が改めて問題になる。

こうした前提は、すでに八世紀代の地方政治の動向のなかに胚胎していた。[16]前述のように、その後の九〜十世紀を通じて有為の官人の登用などによってさえ、「荒廃」と「再興」とが何度か繰り返されながら、徐々に最悪の「亡弊」状態へと進んでいったと考えられるのではなかろうか。中央貴族由来の史料の示す字面に、何らかの実があったとすれば、そのように解釈せざるを得ないのではなかろうか。

注

（1）峰岸純夫「浅間山の噴火と荘園の成立」（『中世の東国』東京大学出版会、一九八九年）。

（2）前橋市教育委員会・株式会社カインズ・山下工業株式会社『川曲地蔵前遺跡№3』（二〇一五年）。なお、調査内容の詳細や各種資料に関しては、一連の調査を担当された永井智教氏の懇切なご教示を得た。

（3）その嚆矢として、三友国五郎「関東地方の条里」（『埼玉大学紀要社会科学篇』八巻、一九五九年）。なお、群馬県を含む調査・研究の現段階に関しては、小島敦子「群馬県の条里」（関東条里研究会『関東条里の研究』東京堂出版、二〇一五年）に簡潔に整理されるとおりである。

（4）パリノ・サーヴェイ株式会社「Ⅵ自然科学分析」（前橋市教育委員会・株式会社カインズ・山下工業株式会社『川曲地蔵前遺跡№3』二〇一五年）。また、金原正明「花粉が語る古代のベニバナ」（『日本文化財科学会報』五七号、二〇〇八年）。上記に関しても永井智教氏の提供を受けた。
（5）賦役令調絹絁条には「（前略）其調副物正丁一人紫三両・紅三両（後略）」とみえる。また、直木孝次郎「贄に関する二、三の考察」（『飛鳥奈良時代の研究』塙書房、一九七五年）、辰巳利文・上村六郎『万葉染色考』（古今書院、一九三〇年）、上村六郎『日本上代染草考』（大岡山書店、一九三四年）参照。
（6）たとえば、勝浦令子「律令制支配と年令区分」（『続日本紀研究』一九一号、一九七七年）。
（7）竹内理三「院庁政権と荘園」（『律令制と貴族政権』第Ⅱ部、御茶の水書房、一九五八年）。
（8）峰岸前掲注（1）論文。
（9）拙稿「鏑川流域の条里的地割」（『条里制研究』二号、一九八六年）、拙著『上毛野の古代農業景観』（岩田書院、二〇一二年）。
（10）拙稿「『日本後紀』弘仁二年二月庚辰条の歴史的意義」（『群馬歴史民俗』三四号、二〇一三年）。
（11）たとえば、網野善彦「荘園公領制の形成と構造」（体系日本史叢書6『土地制度史1』山川出版社、一九七三年）。また、拙稿「『続日本後紀』承和二年七月甲子条について」（『桐生史苑』三一号、一九九二年）、同「古代の「山田」について」（『東国史論』七号、一九九二年）。
（12）拙稿「『日本三代実録』貞観八年（八六六）四月廿七日条について」・「安倍貞行と興行」（『武尊通信』一三九・一四〇号、二〇一四年）。
（13）たとえば、拙稿「『日本三代実録』貞観八年（八六六）四月廿七日条について」・前掲注（12）拙稿「安倍貞行と興行」。
（14）前掲注（4）参照。
（15）能登健・峰岸純夫『よみがえる中世』5、浅間火山灰と中世の東国（平凡社、一九八九年）。
（16）拙稿「中央官人と地方政治」（『信濃』六七巻七号、二〇一五年）。

の存在である。仏教と道教とは、相互乗り入れの印象が強く、ともに多数の経典への理解を必要としていた。当初から神仏混合の傾向のあった日本の古代社会で、「神」と観念されているもののいくつかは、仏教に先行して流入した道教起源の「神」なのではないか。次の作業として、そのような「神」的なものを、今日生活する地域社会のなかから収集してみたい。上毛野東部（渡良瀬川右岸）地域に当初影響力を行使したのは、ヤマト南西部の葛城（カモ）系の神であったとみられるが、具体的には各地点でどのような活動が実施されたのか。

また、ヤマト北東部起源の「ミモロ→ミワ」という神の「格」の遷移についても、上毛野地域にスライドさせた場合に「佐位郡→山田郡」という形で具現化している。単なる地域的偏差なのか、それ以外に何らかの意味が介在したのか。個人的な勉強のなかで、学術的価値のある新たな見解はほとんどなく、課題ばかりが湧出してくる状態である。鬱蒼たる研究史のジャングルで、道を見失わないように踏みしめて行きたいと思う。

なお、本来全く影も形もなかったはずの本書をゼロから始めるにあたり、同成社の工藤龍平氏・山田隆氏にはひとかたならぬご配慮を頂戴し、各種のわがままをお聞き届け頂き、刊行への筋道をつけて頂いた。文末ながら記して感謝の微意を表したい。

二〇一八年八月

関口　功一

あとがき

この頃、以前よりは多少時間に余裕があるので、同じような史料等を何遍も繰り返し見返すような習慣になっている。「読書百遍意自ずから通ず」とはいうものの、表現力と根本的な素養とに欠けるため、何かの偶然に「線がつながる」というようなことは滅多にない。手持ちの貧しい資料を博捜しても、漠然とした違和感のようなものを明確に表現できず、もどかしさを禁じ得ない。

筆者の居住地周辺には、古代から法灯を守るような寺院はほとんど存在しない。式内社をはじめ、かなりの数の神社が、地域社会で生き延びているのとは非常に対照的である。そうしたなかで、藤原氏の縁者とも伝えられる徳一の創建とされる、前橋市西光寺は稀有の存在であると思う。春日神社が南に隣接して所在するのも偶然ではないだろう。「日枝神社」の存在などから、ある段階で天台系に転向したと想定される「放光寺（山王廃寺）」は全くの廃寺なのに、法相系で始まった西光寺が、何はともあれ今日にまで存続できたことに、上毛野地域の古代仏教―ひいては古代社会の本質が示されているのではないか。

素人くさい「国家仏教」への疑問から、永年気になっていた「地域仏教」の具体相に関して、ここまで何本かの試掘溝を入れてきた。同時代の民衆の視点に立って見なければ、各個人がどんな心理状態で「仏」を信仰することになっていったのかは、到底理解不能である。現在よりもはるかに深く広い古代仏教に関する理解がなければ、これ以上の考察は不可能であろう。各種の条件が許す限り、個人的な勉強を続けてゆきたいと希望する。

仏教について自分なりの勉強をするなかで、最近今更ながらに気になってきたのが、中国起源の宗教である「道教」

初出一覧

第Ⅰ部　地域支配

第一章　「葛城」県と「毛野」県（『古代上毛野の地勢と信仰』岩田書院、二〇一三年）を改稿

第二章　古代の「山田」と上毛野（『桐生史苑』五一号、二〇一二年）を改稿

第三章　韓半島をめぐる対外関係と上毛野（『群馬歴史民俗』三八号、二〇一七年）を改稿

第四章　鏑川流域からみた東国地域情勢（「阡陌と方格地割」〔関東条里制研究会編『関東条里の研究』東京堂出版、二〇一五年」を改稿）

第Ⅱ部　信仰

第五章　古代仏教の伝来と上毛野（『信濃』六九巻七号、二〇一七年）

第六章　地域仏教の生成と上毛野国（新稿）

第七章　地域仏教の具体相と上野国（『桐生史苑』五七号、二〇一八年）を改稿

第八章　大寺院「食封」と上野国（『群馬歴史民俗』三六号、二〇一五年）

第九章　地域仏教の活性化と上野国（『桐生史苑』五六号、二〇一七年）

第Ⅲ部　生業

第十章「糸↓布」生産と上野国（「古代集落遺跡の地域史的意義」〔野田嶺志編『地域のなかの古代史』岩田書院、二〇〇〇年」を改稿）

第十一章　「紅花」栽培と上野国（『桐生史苑』五五号、二〇一六年）を改稿

古代上毛野の社会基盤

■著者略歴■
関口功一（せきぐち　こういち）
1959年　群馬県に生まれる
1988年　立教大学文学研究科史学専攻博士課程満期退学
2014年　専修大学　博士（歴史学）
現　在　群馬県立前橋工業高校教諭
主な著書
『東国の古代氏族』（古代史研究叢書4、岩田書院、2007年）
『上毛野の古代農業景観』（岩田書院、2012年）
『古代上毛野の地勢と信仰』（岩田書院、2013年）
『古代上毛野をめぐる人びと』（岩田書院、2013年）
『日本古代地域編成史序説』（古代史研究叢書9、岩田書院、2015年）
『東国の古代地域史』（岩田書院、2016年）

2018年10月10日発行

著　者　関口功一
発行者　山脇由紀子
印　刷　三報社印刷㈱
製　本　協栄製本㈱

発行所　東京都千代田区飯田橋4-4-8（〒102-0072）東京中央ビル　㈱同成社
TEL 03-3239-1467　振替 00140-0-20618

ISBN978-4-88621-799-8 C3021